Beverly Hills, 90210
Des plans d'enfer

J'AI LU

BEVERLY HILLS, 90210

90210	*J'ai lu* 3637/4
Pas de secrets	*J'ai lu* 3638/4
Vacances au Beach Club	*J'ai lu* 3716/4
Rendez-vous dans dix ans	*J'ai lu* 3717/4
Frères ennemis	*J'ai lu* 3860/4
A cœurs perdus	*J'ai lu* 3861/4
Nuages à l'horizon	*J'ai lu* 3958/4
Des plans d'enfer	*J'ai lu* 3959/4

BEVERLY 90210 HILLS™

SPELLING ENT INC

Des plans d'enfer

Un roman de

Mel Gilden

Basé sur les séries télévisées créées par Darren Star

D'après les téléfilms de Jonathan Roberts & Maria Semple, Steve Wasserman & Jessica Klein, et Darren Star

Traduit de l'américain
par Jacques Penel

Éditions J'ai lu

Titre original :

BEVERLY HILLS, 90210 - WHERE THE BOYS ARE
HarperPaperbacks,
a division of HarperCollins*Publishers*, New York

1

Il pleure sur mon cœur...

Brandon Walsh prépara son lancer. Le pamplemousse vola à travers la cuisine en direction de Steve Sanders. Steve l'attrapa et le relança à Brandon. Ce petit jeu durait depuis quelque temps déjà et Brandon ne cherchait même plus à dissimuler son ennui. Dylan MacKay, assis à la table de la cuisine, feuilletait le *L.A. By Night*, en quête d'une occupation. Leur nom à tous les trois apparaîtrait prochainement dans la rubrique nécrologique du journal, pensa Brandon. C'était, en effet, un jour à mourir d'ennui.

Il était dix heures du matin et les lampes étaient allumées : une pluie drue tombait sans discontinuer depuis la veille. Le ciel était bas et gris. Une vague lueur blafarde pénétrait dans la pièce. Il pleuvait ! Eh oui, en Californie, il tombait des cordes ! Et, comble de chance, on était samedi ! Quelle douche ! Les copains de Minneapolis ne voudraient jamais le croire.

Steve faisait sauter le pamplemousse dans sa main.

– Si on pariait sur la goutte de pluie qui atteint en premier le bas du carreau ?

– T'es grave, Sanders, lui dit Brandon.

– On pourrait parier des allumettes, ou des cacahuètes.

– Je passe, dit Dylan.

– O.K., Dylan, ô toi, le grand maître de l'Aventure et de l'Amour, t'as qu'à proposer !

– Mais Dieu sait que j'ai pourtant essayé. Je vous ai suggéré l'électrolyse sans douleur, la liposuccion, une virée à Las Vegas...

– Sous une pluie battante ! Avec les inondations qu'il y a à Vegas ! s'exclama Brandon.

– Hé ! les mecs ! je fais des efforts colossaux. Vous pourriez au moins m'en être reconnaissants !

Ils étaient assis dans la cuisine depuis une heure. Des siècles semblaient s'être écoulés. Et pourtant, ça ne faisait qu'une heure que Brandon avait regardé la pendule lorsque Mme Walsh avait entraîné M. Walsh hors de la maison. Ils allaient à une conférence sur les véritables meubles Shaker suivie d'un véritable déjeuner Shaker suivi d'un concert de véritable musique Shaker. M. Walsh n'avait pas fait preuve de beaucoup d'enthousiasme. Sa réflexion (« Je croyais que ces gens-là étaient spécialisés dans les cocktails »), outre qu'elle agaça Mme Walsh, était révélatrice de l'intérêt qu'il portait à la culture et aux traditions Shaker. Le départ des parents de Brandon avait été le seul événement intéressant de la matinée. Steve lança le pamplemousse à Brandon.

– Je me demande ce que font les filles, dit-il.

– Elles font ce que des filles font un jour de pluie, répondit Brandon.

Steve eut un sourire satisfait.

– Elles parlent sans doute de nous, dit-il.

– Tu rêves, Sanders, répliqua Dylan.

– Et pourquoi pas ? On parle bien d'elles, nous. Laisse-moi voir le journal.

Il s'assit en face de Dylan et s'empara du canard. Il parcourut du doigt une colonne de petites annonces. Son index marqua soudain une pause. Avec un large sourire, Steve proposa un massage. Mais Dylan désapprouvait :

– J'ai cru comprendre que, pour ce genre de massage, les effets de la pénicilline n'étaient pas toujours garantis.

Une lueur s'alluma dans les prunelles de Steve :

– Hé ! les mecs ! qu'est-ce que vous dites de ça ? Un service d'hôtesses !

Brandon n'avait jamais eu personnellement affaire à un service d'hôtesses mais il avait une culture télévisuelle assez étendue pour savoir que ça servait souvent de devanture à des choses « pas très catholiques ». Mais après tout, ce serait amusant de passer pour plus bête qu'il n'était :

– On ferait quoi d'une hôtesse ? On n'a aucune réception à donncr !

– Brandon, faut sortir, de temps en temps. On n'est pas censés donner des réceptions avec ce genre d'hôtesse ! s'exclama Steve.

– On n'a pas déjà eu cette conversation à propos des massages ? dit Dylan.

Steve se replongea dans sa lecture du journal. Brandon jonglait avec le pamplemousse. Mais jongler avec un seul objet... Plutôt stupide, non ? Aussi stupide que cette journée qui s'annonçait gratinée.

– Ça y est, j'ai trouvé ! s'écria Steve. Des strip-teaseuses !

– Il a jamais vu une madame toute nue, le petit ? ironisa Dylan.

– Faut pas réduire les danses exotiques à un déshabillage en musique. C'est une forme d'art traditionnelle et respectée.

– Merci, professeur Q.I., plaisanta Brandon.

Mais l'idée le séduisait, tout de même. Ce pourrait être une expérience enrichissante et éducative. Un seul problème : que ça se passe chez ses parents, ça le gênait un peu. Ce serait bizarre de regarder une jolie femme se déshabiller sur le tapis de la salle de séjour, là même où sa mère se livrait à ses exercices matinaux.

– Rigole, Brandon, mais j'ai assisté à deux soirées de célibataires cette année et je peux te dire que je sais de quoi je cause !

– Oh ! toi, un rien t'amuse ! lui dit Dylan.

Sanders parcourut rapidement les annonces.

– Trop dégueu, trop dégueu, trop...

– A mon avis, si tu cherches Blanche-Neige, c'est pas la bonne rubrique.

– Y avait pas un des sept nains qui s'appelait Dégueu ? demanda Dylan.

– Tu dois confondre avec Grincheux, lui assura Brandon.

– Voilà un nom qui sonne bien : Brandy, dit Sanders.

Son journal à la main, il se dirigea vers le téléphone et composa le numéro. Brandon lança le pamplemousse à Dylan qui le déposa dans la corbeille d'où ils l'avaient délogé.

– Brandy ? Elle fait de la pub pour du cognac ?

Steve était au téléphone et Brandon n'était pas sûr que ce soit une si bonne idée. Chez quelqu'un d'autre, pourquoi pas, mais ici ? Steve raccrocha et dit en se frottant les mains :

– Messieurs, elle arrive dans quarante minutes.

Devant le fait accompli, Brandon oublia ses scrupules. Après tout, il n'était pas un saint.

– Je crois que je ferais mieux de rester dans les parages au cas où vous vous attireriez des ennuis, dit Dylan.

– O.K., répliquèrent à l'unisson Brandon et Steve.

Brandon et Dylan suivirent Steve dans le séjour où celui-ci commença à repousser les meubles.

– Qu'est-ce que tu fabriques ? s'enquit Brandon.

– Je fais un peu de place à Brandy pour qu'elle puisse travailler à son aise.

– D'accord, à condition que tu remettes tout en ordre après son départ.

– *No problem.*

Brandon savait qu'il ne pourrait plus jamais s'asseoir dans cette pièce sans avoir une pensée pour Brandy. En soi, ce serait pas désagréable, juste un peu bizarre. Très bizarre, en fait, quand ses parents et sa sœur seraient là.

Ils allumèrent la télé et se mirent à regarder un match de foot. Brandon regardait fixement l'écran, incapable de s'intéresser aux deux équipes. S'ils étaient comme lui, ses deux amis ne devaient pas suivre la partie de très près. Brandon ne savait même pas s'il s'agissait d'une rencontre universitaire ou professionnelle. Il se plaisait à anticiper l'arrivée de Brandy.

La sonnette retentit. Ils sursautèrent.

– C'est elle ! s'écria Steve.

Brandon redescendit douloureusement sur terre ; c'était lui le maître des lieux. Il se leva et se dirigea vers la porte d'entrée.

– Je lui dis quoi ?

– J'ai entendu dire que les gens disaient « Salut », dit Dylan.

« Salut », oui, c'était bien, ça passait partout. Brandon s'imaginait une fille élancée aux cheveux longs et blonds comme le miel. Elle portait un imper en plastique transparent qui dévoilait un chemisier vaporeux. Ses jambes incroyables se glissaient hors d'une jupe aux dimensions infinitésimales. Elle avait la silhouette d'une danseuse de clip vidéo et se déhanchait sur des rythmes primitifs dont elle seule avait le secret. Il n'avait jamais parlé à une telle déesse mais « Salut » lui paraissait être, en effet, un bon début.

La sonnette retentit à nouveau. Brandon ouvrit la porte et s'écria : « Salut ! »

– Salut, dit la fille, perplexe, sur le seuil de la porte.

Brandon comprit qu'il n'avait pas affaire à la déesse aux cheveux blonds comme le miel mais à Andrea Zuckerman. Andrea était la rédactrice en chef du journal du bahut et une bonne amie de Brandon. Mais elle était sur une longue liste de gens qu'il ne souhaitait pas voir à cet instant précis. Andrea était mignonne et marrante mais elle n'avait rien d'une déesse. Elle portait un ciré et un suroît jaune canari, une tenue idéale par temps de pluie mais loin d'être aussi sexy que l'imper transparent que Brandon avait imaginé.

– Andrea ? s'écria Brandon.

Dans le séjour, Steve et Dylan marmonnèrent le prénom de leur copine de classe. Ils n'en croyaient pas leurs oreilles.

– Qu'est-ce que tu viens faire ? demanda Brandon qui s'aperçut, trop tard, du ton inamical avec lequel il avait posé sa question.

Andrea n'avait pas semblé remarquer sa nervosité. La pluie avait fait sortir, en même temps que les escargots, son côté guilleret. Elle ôta son ciré et son chapeau.

– J'avais toutes ces idées géniales pour le journal alors je me suis dit : « Puisqu'il y a du remue-ménage dehors, pourquoi ne pas aller remuer mes méninges chez Brandon ? »

Elle semblait ravie de son jeu de mots mais Brandon n'avait pas l'esprit à faire de l'humour. Il s'activait précisément les méninges pour trouver, au plus vite, un moyen de se débarrasser d'elle. C'est alors qu'elle se retourna et qu'elle vit Steve et Dylan qui la regardaient d'un air consterné. Brandon se sentait, en quelque sorte, responsable de la présence d'Andrea. Il ne l'avait pas invitée, notez, mais ils étaient chez lui et c'était bien lui qu'elle était venue voir.

– Regardez qui est là ! dit-il.

– Salut les copains, dit Andrea, ça va ?

Un hamburger dans la main, Brenda regardait la pluie tomber par la fenêtre du *Peach Pit*. Elle essayait tant bien que mal de garder le moral. La pluie la rendait aussi romantique et mélancolique que l'héroïne d'un roman de l'époque victorienne. Elle aurait voulu que Dylan soit près d'elle et qu'il partage avec elle cet instant. Mais il n'y avait là que David Silver, Donna Martin et Kelly Taylor. Donna semblait ignorer la présence de ses amis. Elle était fascinée par ce qui passait à la télévision.

Les rares fois où le poste du *Peach Pit* était branché, Nat, le propriétaire du bar-restaurant, mettait du sport. Mais aujourd'hui, pour des raisons qui n'étaient connues que de lui, la télé était branchée sur M.T.V., la chaîne musicale, qui diffusait un clip de Color Me Badd. Si Brenda en croyait les paroles, ils interprétaient une chanson intitulée *I Adore Mi Amore*. Brenda ne comprenait pas pourquoi Donna s'était découvert cette passion soudaine pour Color Me Badd. Les quatre garçons étaient mignons, il fallait en convenir, et ils chantaient bien, mais elle n'était pas prête à se jeter pour eux, avec Donna, du haut d'une falaise, comme certaines groupies moutonnières.

Donna soupira :

– C'est le meilleur clip de l'histoire de la vidéo.

Selon Brenda, le clip était bien mais ne cassait pas des briques. En bref, quatre garçons chantaient en se promenant le long d'une plage. Ça se laissait écouter mais ça n'allait pas révolutionner le monde de la musique comme l'avaient fait Michael Jackson à ses débuts ou Mozart à une tout autre époque.

Donna demanda :

– Kelly, quel est ton préféré ?

– Je sais même pas qui est qui, répondit Kelly.

Donna soupira. Elle n'arrêtait pas de soupirer chaque fois qu'elle parlait de Color Me Badd.

– Lui, c'est Bryan. C'est lui que je préfère. Ou peut-être Marc. Il est plus trognon. Non, Bryan.

Bryan et Marc avaient tous les deux une petite moustache duveteuse mais Bryan avait les cheveux longs. Brenda les aurait facilement pris pour des frères. Sam avait de longs cheveux bouclés. Il les avait tellement touffus qu'on aurait dit qu'une créature s'était perchée sur sa tête pour y faire son nid. Kevin était black et il avait une coiffure rasta.

Kelly fit mine de réfléchir profondément à la question :

– J'ai toujours eu un faible pour Ringo, conclut-elle.

Donna ne s'était pas rendu compte que Kelly

se moquait d'elle. Peut-être n'avait-elle pas entendu car soudain elle s'agita :

– Et si on allait au *Whiskey* les écouter chanter ? proposa-t-elle, le regard interrogateur.

– C'est sur invitation exclusivement, expliqua David.

David animait la radio du bahut et croyait tout connaître des rouages du monde musical. Il s'en vantait un peu trop et ça agaçait Brenda.

– Mais la radio distribue des entrées gratuites, dit Donna.

– Crois-moi, dit Brenda, il y a peu de chances que tu en décroches une.

– Oui, dit Kelly d'un ton ironique, les contacts de David sont plus sûrs.

Donna prit la défense de David :

– David connaît beaucoup de monde.

– Effectivement, je connais beaucoup de monde. Un petit service en vaut un autre, continua David.

– Service compris ? se moqua Kelly.

– Faites-moi confiance, dit David avec impatience.

Il voulait, de toute évidence, impressionner Donna en lui rendant service.

– Je pense pouvoir vous faire entrer gratos, poursuivit-il.

Le clip était terminé. Donna n'avait maintenant d'yeux que pour David.

– Ce serait génial, dit-elle.

Elle semblait lui faire confiance. Donna et

David sortaient plus ou moins ensemble depuis Noël et pour elle, David était un roi.

– C'est pas demain la veille, dit Kelly.

– Quoi ? demanda Donna.

– J'ai dit, ça vaut le coup qu'on essaie.

Kelly fit un sourire complice à Brenda, qui haussa les épaules. Elle s'en fichait éperdument. Elle se demandait ce que faisait Dylan.

Ils avaient terminé leur repas. Donna voulait rentrer tout de suite chez elle. Ils pourraient gagner des entrées dans le cas où les « contacts » de David ne pourraient pas lui obtenir des billets. Pour Brenda, ça ne faisait aucun doute : Donna regarderait le concert de Color Me Badd sur le câble tout comme le reste de la planète.

2

David les bons tuyaux

Ils dépendaient du bon vouloir de Kelly puisque c'était avec sa voiture qu'ils étaient venus au *Peach Pit*. Ce ne fut pas facile de la convaincre mais Donna insista tellement qu'elle finit par accepter de les conduire chez les Martin.

– Allez-y sans moi. J'ai quelques coups de téléphone à donner, dit crânement David.

Il embrassa Donna et s'en alla de son côté.

– Quel chou ! dit Donna qui se mit à rassembler son manteau et son porte-monnaie.

« Quel charlot, oui ! » pensa Brenda qui n'avait pas beaucoup d'estime pour David.

En classe, il avait toujours les moins bonnes notes. Le jour où il sera premier ce sera pour le concours national de la bêtise, se dit Brenda. Il tapait sur le système de Kelly aussi. Il ne lui avait pas lâché les baskets pendant plusieurs mois l'année précédente. David et Kelly allaient donc être frère et sœur par mariage. Kelly désapprouvait cette union. L'idée de vivre sous le même toit que David ne l'enchantait guère, bien sûr, mais ce qu'elle redoutait davantage c'était de voir disparaître l'univers douillet qu'elle partageait avec sa mère et qui avait toujours été le leur, aussi loin qu'elle s'en souvienne. David incarnait alors la plupart des problèmes dans la vie de Kelly.

Les pneus de la BMW rouge de Kelly sifflaient comme des serpents sur les avenues mouillées de Beverly Hills. Kelly conduisait prudemment. Pourtant, elle faillit avoir un accident à deux reprises : les voitures qui glissaient sur la chaussée trempée ne parvenaient pas à marquer le stop aux carrefours.

– Les Californiens semblent tomber des nues dès qu'ils ont à prendre le volant par temps de pluie, fit remarquer Brenda qui ajouta : Conduire sur route verglacée est une tout autre expérience qu'il faut avoir vécue une fois dans sa vie. A Minneapolis, papa mettait les chaînes dès les premières neiges et ne les enlevait qu'à la fonte.

– C'est vrai que là-bas les gens ne sont pas nés de la dernière pluie, ironisa Kelly.

A l'exception de ces quelques observations météorologiques, la conversation se limita au monologue de Donna sur leurs chances d'obtenir des entrées gratuites pour le concert de Color Me Badd qui avait lieu le soir même. Brenda fit remarquer que ce serait amusant d'essayer de gagner des places. Peut-être gagneraient-elles. Après tout, on ne risque pas de gagner si on ne tente pas sa chance. Elle n'était pas aussi accro que Donna mais elle ne détestait pas pour autant ce groupe. En fait, elle appréciait davantage l'enthousiasme débordant de Donna que l'humeur revêche de Kelly. Depuis l'annonce du mariage de sa mère, Kelly faisait la tête.

Chez Donna, elles s'installèrent dans le salon et branchèrent la radio qui diffusait une chanson d'un autre groupe. Mais Donna admit que, pour un titre qui n'était pas de Color Me Badd, ce n'était pas si mal. Brenda souleva le combiné et s'assura qu'il possédait la touche bis.

– O.K., dit-elle, voilà ce qu'on va faire.

– Quel est ton plan ? lui demanda Donna.

Kelly se laissa tomber dans un fauteuil et se mit à feuilleter un numéro de *Vogue*.

– Tu fais bande à part, lui dit Brenda.

– On a une chance sur un million de gagner ces entrées gratuites, c'est comme chercher une aiguille dans une meule de foin. Pas de quoi se crever la paillasse, lui répondit Kelly.

L'enthousiasme de Donna avait déteint sur Brenda que l'attitude de Kelly décevait de plus en plus. Elle aurait tout de même pu faire un effort et entrer dans le jeu ! Brenda décida d'ignorer Kelly.

– O.K., on compose maintenant le numéro de téléphone de la radio et on raccroche. On n'aura plus qu'à appuyer sur la touche bis quand l'animateur donnera le mot de passe, dit-elle à Donna.

Donna était épatée.

– T'es géniale ! s'exclama-t-elle.

Donna commençait à composer le numéro lorsque sa mère entra dans la pièce, un manteau sur le bras. Mme Martin était brune aux cheveux courts. Elle était mince, presque fragile. C'était une femme qui donnait l'impression d'être déçue par un monde qui ne répondait pas à ses aspirations. Elle commença à parler d'une réunion d'une œuvre de charité à laquelle elle se rendait. Elle ne rentrerait que tard dans la soirée. Brenda remerciait le ciel que sa mère ne prenne aucune part active dans une de ces associations caritatives. Elle ne serait jamais à la maison, pensa-t-elle.

Donna essayait tant bien que mal d'écouter la radio d'une oreille et les explications de sa mère de l'autre. Mais Mme Martin semblait refuser de comprendre que ce qui se passait dans son salon était plus important que ce qu'elle avait à dire à sa fille.

– Je t'ai dit que je rentrerai tard, tu as entendu ce que je t'ai dit ? demanda-t-elle à Donna.

Brenda écoutait la radio pendant que Donna répondait à sa mère :

– Excuse-moi, maman. On essaie de gagner des entrées pour le concert de ce soir au *Whiskey*.

– Je ne veux pas vous voir traîner sur Sunset Strip un samedi soir. C'est un quartier mal famé.

L'animateur révéla le mot de passe. Sans perdre de temps, Brenda appuya sur la touche bis. Elle ne voyait pas comment quelqu'un aurait pu la devancer mais apparemment elle n'avait pas été la seule à utiliser la touche miracle. Quelqu'un d'autre venait de gagner les deux dernières entrées. Elle était vraiment désolée pour Donna.

Elle avait l'impression d'avoir laissé tomber une amie.

Enfin, Mme Martin s'en alla. Brenda raconta à Donna ce qui s'était passé. Cette dernière était effondrée. Elle s'affala par terre et se mit à bouder.

– Remets-toi, Donna, lui dit Brenda, y a toujours le concert ce soir à la télé.

– C'est pas pareil, se lamenta Donna.

Pendant quelques instants, le silence qui régnait dans le salon ne fut troublé que par le bruit de la radio et des pages que tournait Kelly. La morosité avait fait place à la déprime. Si seulement Los Angeles pouvait tenir sa réputation de ville ensoleillée, pensa Brenda, elle et ses amies sauraient quoi faire de leur journée.

David arriva. La bonne l'avait laissé entrer.

– Il te faudra lui dire de ne pas ouvrir la porte à des inconnus, dit Kelly à Donna.

Mais David était bien trop excité pour entendre la remarque désobligeante de Kelly. Il aida Donna à se lever et lui dit :

– Je vais te rendre le plus grand service qu'on t'ait jamais rendu.

– Quel service ? demanda Donna sans grand espoir.

– Est-ce que tu savais que mon père est le dentiste du comptable de Color Me Badd ?

– Non, répondit-elle.

Elle ne voyait pas où David voulait en venir. Brenda, elle, avait sa petite idée. Elle oublia sa tristesse des instants précédents. Les contacts de David avaient peut-être porté leurs fruits.

– Eh bien, il m'a avoué qu'ils sont descendus à l'hôtel *Bel Age*.

Donna ne voulait pas y croire.

– Vraiment ? dit-elle.

– A quoi ça nous avance ? Tu proposes, peut-être, de les y rejoindre ? ironisa Kelly.

– C'est cela même, répondit David.

Brenda se surprit à dire :

– Ça roule pour moi.

En d'autres circonstances, elle n'aurait peut-être pas été partante. Mais avec ce temps de chien, il était certainement plus amusant de tuer le temps à gambader dans un hôtel luxueux que de se regarder en chiens de faïence dans le salon de Donna.

Kelly continuait son sarcasme. Donna y coupa court :

– Qu'est-ce que tu feras si tu ne viens pas avec nous ? Tu vas peut-être aller aider ta mère à choisir sa robe de mariée ?

A la tête que fit Kelly, Brenda comprit que Donna venait de marquer un point. Kelly les conduisit à l'hôtel *Bel Age*. Lorsqu'ils arrivèrent, ils comprirent que le père de David n'avait pas l'exclusivité de la dentition du comptable de Color Me Badd. Des dizaines de personnes s'étaient rassemblées sous la pluie devant le *Bel Age*. La sécurité avait installé des barrières qui contenaient la foule.

Il s'agissait en majorité d'ados de leur âge.

Mais certains semblaient avoir plus d'expérience qu'eux en matière de filature de personnalités. Une des jeunes filles, en particulier, semblait prendre son rôle de groupie très au sérieux. Elle arborait un bustier noir semblable à ceux que portait Madonna l'année précédente ainsi qu'un chapeau à large bord et un boa de plumes qui semblait de mauvais poil. Son goût vestimentaire n'était pas des plus heureux. Cependant, il fallait bien admettre qu'elle avait de belles jambes. David ne pouvait d'ailleurs pas résister à la tentation d'y jeter un coup d'œil furtif de temps en temps.

Soudain, une énorme limousine blanche s'arrêta devant l'hôtel. La foule s'élança, renversa les barrières de protection et faillit investir la limousine.

– Par ici ! cria David.

Ils firent le tour de la limousine et parvinrent à se faufiler jusqu'à la porte d'entrée de l'hôtel. En l'espace de quelques secondes, les quatre membres de Color Me Badd s'étaient engouffrés dans l'hôtel. Ils ne s'étaient pas attardés dans le hall, car on ne les distinguait plus à travers les énormes baies vitrées. Brenda devait bien admettre que de voir ces vedettes en chair et en os lui avait donné le frisson. Et puis, il y avait aussi le suspense de la poursuite.

Un agent de la sécurité au visage taillé à la hache leur barrait la route. Il les informa que seuls les clients de l'hôtel avaient le droit d'entrer. Un instant Brenda eut peur que David ne bouscule le cerbère. Elle fut soulagée lorsqu'elle entendit David lui dire :

– Veuillez nous excuser quelques minutes.

D'une politesse exagérée, l'agent de sécurité répondit :

– Mais je vous en prie.

David prit ses amies à l'écart. Kelly s'exclama en regardant dans la direction des fans qui s'étaient regroupés après la fuite de Color Me Badd :

– Ça tourne au ridicule. Je suis trempée, je claque des dents et je ne me sens aucune affinité avec ces groupies de Panurge ! Pourquoi ne restent-ils pas tranquillement chez eux ?

Même Donna semblait avoir perdu son enthousiasme. Elle prit la main de David et lui dit :

– Merci d'avoir essayé. Je sais que tu fais tout ça pour moi mais je ne crois pas que ça puisse marcher.

Une lueur brilla dans les yeux de David :

– Tu crois que ça peut marcher ? C'est ce qu'on va voir. Ne bougez pas d'ici.

Il se dirigea vers la porte, discuta à voix basse avec l'agent de sécurité et pénétra dans l'hôtel. L'homme les regardait avec circonspection. Brenda aurait donné cher pour savoir ce que David lui avait dit.

David semblait être parti depuis des lustres. Regarder la pluie tomber n'avait pas distrait les filles longtemps. Kelly n'arrêtait pas de se plaindre du froid et de l'humidité et Brenda commençait à lui donner raison. Si David n'avait pas disparu dans les entrailles du *Bel Age*, elles l'auraient entraîné de force avec elles ou l'auraient planté là. Mais le planter là sans le prévenir n'aurait pas été très sympa de leur part. Ça démangeait pourtant Kelly.

– Ça lui ferait les pieds de prendre le bus au moins une fois dans sa vie, dit-elle à Donna.

– Arrête un peu ton cirque, s'il te plaît, Kelly, répondit Donna. Je n'ai qu'une hâte, c'est que David revienne. Je n'aime pas la façon qu'a ce type de nous regarder.

Brenda s'imaginait qu'on avait arrêté David et qu'on l'avait embarqué dans un panier à salade par la porte de service de l'hôtel. Mais elle gardait ses craintes pour elle, du moins jusqu'à ce qu'il n'y ait plus d'espoir. Elle se donnait une dizaine de minutes.

Puis David revint avec, à la main, des clefs pour chacune d'entre elles. Toutes les trois regardèrent les clefs bouche bée. La surprise était telle que même Kelly en resta sans voix.

Donna prit David par la taille et lui demanda :

– Mais comment as-tu fait ?

– C'est incroyable ce qu'on peut arriver à faire avec un peu de sang-froid et un bout de plastique magnétique.

Ils exhibèrent leur clef de chambre en passant devant l'agent de sécurité qui les avait refoulés quelques minutes auparavant. Brenda avait retrouvé son enthousiasme. Certes, ils n'avaient pas encore mis la main sur le groupe mais ils étaient à nouveau dans la course et, au fond d'elle-même, Brenda n'avait pas cru pouvoir arriver jusque-là.

Elle se demanda combien pouvait coûter une nuit à l'hôtel *Bel Age* puis décida bien vite de ne pas s'en inquiéter. Son argent de poche lui permettrait à peine de passer la nuit dans le placard à balai d'un hôtel comme le *Bel Age*. Quant à pouvoir s'offrir une chambre, c'était une autre paire de manches. Après tout, l'idée n'était pas d'elle mais de David. Elle le reconnaissait bien là.

Ils se dirigèrent vers les ascenseurs aux embrasures dorées. David appuya sur le bouton. Ils attendaient, le sourire aux lèvres. Lorsque les portes s'ouvrirent, le sourire de Brenda se figea pour laisser place à la stupéfaction.

Donna s'écria :

– Mon Dieu !

Mme Martin sortit de l'ascenseur. La surprise semblait être réciproque. Donna bafouilla une explication que Brenda jugea complètement abracadabrante mais Mme Martin sembla croire sa fille. Pour expliquer leur présence au *Bel Age*, Donna dit à sa mère que David et son père étaient descendus à l'hôtel le temps de faire désinfecter par fumigation leur maison. Elles étaient venues chercher David mais il avait oublié quelque chose alors ils devaient remonter.

– Je vois, dit Mme Martin pour toute réplique.

Dans l'espoir de changer de conversation, Donna dit à sa mère :

– Mais je te croyais à ton truc de charité ?

– Mais j'y suis, dit Mme Martin, la réunion a lieu ici. On fait juste une pause pour le déjeuner.

Donna était curieuse de savoir pourquoi sa mère allait déjeuner toute seule mais le lieu et le moment étaient mal choisis pour un interrogatoire. Sa mère aurait alors été en droit de lui poser certaines questions embarrassantes. Son histoire de désinfection par fumigation tenait à peine debout.

– Bon, s'empressa de dire Donna, on monte chez David.

– A demain, répondit sa mère.

Quelque chose clochait, mais quoi ? Donna avait l'impression que sa mère avait tout aussi hâte qu'elle d'abréger leur rencontre.

En montant dans l'ascenseur, Donna s'efforça de retrouver son enthousiasme du départ. Elle se retourna et vit sa mère qui la regardait par-dessus son épaule. Donna se sentit gênée. Les portes de l'ascenseur se refermèrent sur le regard de sa mère. Donna se mit à rire, d'un rire forcé qui se voulait convaincant.

– Eh bien, l'aventure commence, dit-elle.

3

Interview avec une strip-teaseuse

Andrea refusait de s'en aller. Elle refusait de comprendre qu'elle devait s'en aller. Elle s'était assise sur le divan et feuilletait une revue. Elle monopolisait la conversation. Il fallait redonner du tonus au *West Beverly Blaze,* le journal de l'école. Brandon, en tant que membre de la rédaction, avait-il une idée ?

La revue qu'Andrea tenait dans les mains consacrait un article au Page Museum. Brandon saisit l'occasion pour suggérer à Andrea une visite au musée anthropologique de Los Angeles.

– Ça c'est une idée géniale, Andrea ! s'exclama Steve. C'est le genre d'endroit qu'on peut visiter seul. Enfin, toute seule, un jour de pluie.

Steve n'était jamais très fin dans ses allusions. Cette fois-ci, il était carrément lourd. Mais Andrea ne semblait pas piger.

– Je sais, j'ai déjà visité le Page Museum plusieurs fois.

– Récemment ? s'empressa de demander Steve. Ils organisent très souvent de nouvelles expos. Ils ont certainement dû découvrir un nouveau fémur ou un nouveau crâne depuis ta dernière visite.

Il y avait cependant un os, justement : Andrea ne semblait pas vouloir bouger. A peine si elle s'était levée pour aller se chercher un verre d'eau à la cuisine. Pendant ce temps, Brandon, Steve et Dylan tenaient leur conseil de guerre.

– Elle voit pas qu'on est occupés ? dit Steve.

– Apparemment pas, dit Dylan qui ajouta : Peut-être qu'on devrait lui dire qu'on attend une inconnue qui va se déshabiller devant nous en musique.

A la télé, la situation aurait été cocasse. Mais ce n'était pas de la fiction et ça ne faisait pas du tout rire Brandon. Il était désespéré. Ils étaient chez lui et il devait pouvoir mettre à la porte quelqu'un qui n'avait pas été invité. Or, ce quelqu'un était Andrea Zuckerman et il ne pouvait pas décemment la mettre à la porte sans lui donner d'explication. Quant à la suggestion de Dylan, elle manquait de doigté, c'est le moins qu'on puisse dire !

La sonnerie retentit. Brandon fut saisi d'effroi. Il était comme paralysé. Il n'aurait jamais dû laisser Steve appeler une strip-teaseuse. Il avait la conviction qu'il allait être puni pour ses péchés.

– J'y vais, dit Andrea, toute joyeuse.

Les garçons se précipitèrent vers la porte. Mais Andrea les avait devancés. Elle avait ouvert la porte ; une jeune fille se tenait sur le seuil, et elle l'invita à entrer. Brandy portait un imper orange. Elle avait avec elle un magnétophone. Elle semblait avoir dans les vingt-cinq ans. Elle était assez jolie pour être mannequin : pommettes saillantes, grands yeux et longs cheveux noirs. Ce que Brandon pouvait voir de ses jambes lui paraissait également sympathique. Elle ne correspondait pas exactement à l'image qu'il se faisait d'une déesse mais elle en était plus proche qu'Andrea. Elle s'avança dans la salle de séjour et dit :

– On se fait un rock ?

Les neurones de Brandon s'agitaient dans toutes les directions.

Steve dit à Andrea :

– Je te présente Brandy.

– Les présentations ont déjà été faites, répondit Andrea.

Les deux filles pouffèrent. Brandy attendait la suite. Brandon était lui aussi curieux de savoir ce qui allait se passer.

– Brandy est la nièce de Cindy, dit Dylan qui ajouta : Brandon, Brenda, Brandy.

– Charmant, acquiesça Andrea, je peux te débarrasser de ton manteau ?

– Non ! s'écrièrent d'une seule voix Brandon, Dylan et Steve.

Une strip-teaseuse, ça se déshabille. Il était donc fort peu probable qu'elle soit nue sous son imper orange mais qui sait quels vêtements provocants elle pouvait porter ?

– Que vous êtes bêtes, dit Andrea qui aida Brandy à retirer son imper.

Brandy portait une robe pied-de-poule avec fermeture Eclair dans le dos. Certainement plus facile à enlever, pensa Brandon. Elle était courte mais dans le bon goût des années 90. Soulagés, Brandon et ses deux amis eurent un petit rire idiot.

Andrea remit le manteau de Brandy à Brandon et invita la jeune fille à entrer dans le salon.

– Alors, Brandy, que nous vaut cette visite ? demanda-t-elle.

Brandon flanqua le manteau de Brandy dans les bras de Steve et suivit les deux filles dans la salle de séjour.

– Elle est venue me parler de sa branche. Pour l'arbre généalogique de notre famille. Un devoir pour l'école. Hein, Brandy ? bredouilla Brandon, pas certain que la branche à laquelle il venait de s'agripper tiendrait le coup.

Il cherchait à encourager Brandy par des signes de tête.

– Oh ! absolument, dit Brandy, un sourire forcé aux lèvres.

Andrea commença à expliquer comment bon nombre de registres d'état civil de ses ancêtres avaient disparu pendant la Seconde Guerre mondiale lorsque sa famille avait dû fuir l'Europe en catastrophe.

Le courant passait si bien entre les deux jeunes filles que Brandon avait l'impression d'être court-circuité. Elles s'étaient assises sur le sofa et s'étaient mises à papoter telles deux activistes à un congrès féministe. Elles ne s'étaient même pas aperçues que les garçons étaient partis dans la cuisine.

– Je crois que Brandy m'aime bien, dit Steve.

– Ça nous fait une belle jambe, dit Brandon. Peut-être qu'elle va nous aider à nous débarrasser d'Andrea.

– Peut-être qu'on devrait tout simplement admettre que c'est pas notre jour, continua Dylan.

– T'es pourtant pas du genre à baisser les bras, lui répondit Steve.

Ils échafaudèrent une stratégie pour déloger Andrea. Mais ils n'avaient pas l'artillerie nécessaire pour la faire battre en retraite. Armés de boîtes de Coca, ils réinvestirent le salon. Andrea campait sur ses positions. La bataille à livrer n'allait pas être facile : la complicité entre Andrea et Brandy était plus forte que jamais.

Brandy faisait une maîtrise de sociologie à l'université de Los Angeles mais elle allait la faire en plusieurs années parce qu'elle devait également subvenir aux besoins de son mari et de son enfant.

– De ton mari ! s'exclama Steve, une note de déception dans la voix.

– Tu fais comment pour joindre les deux bouts ? lui demanda Andrea.

Brandon pensa que tout était fichu mais apparemment Brandy avait pigé leur manège.

– Je fais pas mal d'intérim et puis... j'organise des soirées, répondit-elle.

Brandy s'amusait comme une folle. Elle attendait la réaction des garçons qui ne se fit pas attendre longtemps.

– Ouais, des soirées, des soirées de gala, des réceptions, quoi, s'empressa d'ajouter Brandon.

– C'est marrant, dit Andrea, au grand soulagement des trois garçons. Mais dis-moi, ton bébé, il a quel âge, et ton mari, il fait quoi ?

Le fils de Brandy avait cinq ans et son mari était un passionné de surf. Il écrivait d'ailleurs un livre sur la philosophie de ce sport.

– Géant ! dit Dylan, j'aimerais bien le lire.

– Moi aussi, dit Brandy, ça fait cinq ans qu'il travaille dessus.

Brandy se révélait être une fille superintéressante. Et regarder Andrea mener l'entretien en professionnelle était plus divertissant que toutes les vidéos pédagogiques qu'ils avaient dû se taper en cours. Cependant, il y avait toujours le risque qu'éclate la vérité. Brandon était à cran. Il ne pouvait pas s'empêcher, par ailleurs, d'imaginer ce que Brandy cachait sous sa robe pied-de-poule. Et il désespérait de jamais le savoir.

David, Brenda, Kelly et Donna se retrouvèrent dans la chambre de David. Même s'ils ne parvenaient pas à rencontrer les quatre musiciens, la visite du *Bel Age* valait le déplacement. Ce n'était pas la première fois que Brenda entrait dans cet hôtel de luxe. Elle y était venue à l'époque où le père de Dylan y avait une suite, mais cela remontait à quelque temps déjà et elle avait oublié combien c'était luxueux. Sur la carte du service des chambres, le pâté impérial était à vingt-cinq dollars pièce.

– A ce prix-là, il a intérêt à être impérial, le pâté, avait fait remarquer Kelly.

Celle-ci avait retrouvé le moral depuis qu'ils étaient entrés dans l'hôtel. La chasse aux musiciens lui faisait, peut-être, oublier ses problèmes. En tout cas, son changement d'attitude était le bienvenu.

Donna, au contraire, s'était rembrunie. Elle avait perdu son enthousiasme après la rencontre avec sa mère devant les ascenseurs. La poursuite n'avait plus l'air de l'intéresser. Elle semblait ailleurs. Elle avait même suggéré à trois reprises qu'ils rentrent chez eux et maintenant elle disait :

– Je ne crois pas que ça soit une si bonne idée.

– Tu rigoles, répondit David, ils sont là, quelque part dans l'hôtel, à portée de main. Ma chambre nous servira de quartier général. Si on se perd, on se retrouve ici.

– Allez, Donna, dit Brenda, si tu as peur de rencontrer ta mère ici, y a aucun risque.

Elle prit le combiné téléphonique et appela le standard de l'hôtel.

– Allô ! oui, bonjour, mademoiselle, dit-elle d'une voix sophistiquée, seriez-vous assez aimable pour me passer la chambre de Bryan Abrams ? C'est la chambre du groupe Color Me Badd.

– Je suis désolée, répondit la standardiste, mais je n'ai pas ce nom sur mon registre.

Brenda ne comprenait pas. Ils ne s'étaient

pourtant pas trompés d'hôtel. Elle raccrocha et dit :

– Il n'y a personne à ce nom.

– C'est évident, dit David, sûr de lui. Toutes les vedettes descendent à l'hôtel sous un faux nom. Ils sont malins. Ça permet d'éviter que des fans obtiennent leur numéro de chambre en appelant le standard. Mais à malin, malin et demi. L'attaché de presse a habituellement sa chambre au même étage que les artistes et il descend sous son vrai nom, au cas où des journalistes chercheraient à le contacter.

Joignant le geste à la parole, David composa le numéro du standard et demanda à parler à Freddy Cramer.

Brenda se tenait près de David. Elle entendit la sonnerie et une petite voix d'insecte s'échappa du combiné. David perdit contenance.

– A... aallô ! dit-il d'une voix d'attardé.

Il tenta en vain de se présenter. « Clic. » L'homme à l'autre bout du fil venait de raccrocher. David regardait le combiné comme un chat échaudé regarde un seau d'eau froide.

David n'était pas le maître de toutes les situations. C'était un héros en demi-teinte. Face à ce double échec, Brenda restait philosophe. Il y avait bien une autre solution. Restait à la trouver.

Kelly regarda David, amusée, et croisa les bras. Donna semblait plus déprimée que jamais. David soupira longuement et finit par dire :

– Ce n'est qu'un petit contretemps. Il nous faut aller enquêter dans l'entrée.

– Dans l'entrée ! Mais et si ma mère y est ? s'inquiéta Donna.

– Et alors, la belle affaire ! dit Kelly.

– Kelly a raison, dit Brenda, si on lui tombe dessus, on trouvera bien une explication.

– Bien sûr, nous serons tes anges gardiens, lui dit David pour la rassurer.

Un petit sourire vint se poser sur les lèvres de Donna. Mais ce n'était qu'un petit sourire timide qui s'envola bien vite. Brenda ne voyait pas où était le problème. Elle était persuadée qu'elle aurait mieux réagi à la place de Donna.

– O.K., *my name is Silver*, David Silver, dit David qui se dirigea subrepticement vers la porte en entonnant le générique de James Bond.

Ils étaient maintenant dans le couloir et rasaient les murs comme si des membres de la Mafia étaient à leur poursuite. Brenda ne pouvait pas s'empêcher de rire sottement. Elle s'en donnait à cœur joie.

Dans le hall, David et Donna s'assirent sur une banquette et se mirent à surveiller, par-dessus un journal, les allées et venues des clients côté porte d'entrée. Kelly, cachée derrière une paire de lunettes noires et un palmier d'appartement, se chargeait des ascenseurs. Quant à Brenda, elle s'occupait de la porte de derrière. Quiconque entrait dans le hall pénétrait par voie de conséquence dans leur champ de vision. Personne ne pouvait leur échapper.

David avait fredonné la musique de James Bond dans l'ascenseur. Brenda l'avait maintenant dans la tête et n'arrivait pas à s'en défaire. Pourquoi les garçons étaient-ils tous des fans de James Bond ? Peut-être était-ce dû à ce chromosome fêlé qui était aussi à l'origine de leur passion pour le foot et les voitures de course.

Ils étaient là à attendre depuis, leur semblait-il, une éternité, bien qu'à la montre de Brenda, cela ne fît que dix minutes, lorsqu'un des membres de l'équipe technique de Color Me Badd, un type baraqué et échevelé, traversa le hall. Un badge pendait autour de son cou. David fit un signe de tête à Brenda, Brenda fit un signe à Kelly qui répondit qu'elle avait pigé.

Le type se dirigeait vers les ascenseurs. Il avait disparu du champ de vision de Brenda mais il devait certainement être dans celui de Kelly. Brenda avait des fourmis dans les jambes. Quelques minutes plus tard, Kelly revint. Elle s'assit à côté de David et lui dit :

– Il est monté au dernier étage.

– Super, dit David, ils sont faits comme des rats.

Il balaya le hall d'un regard anxieux, puis entraîna Kelly et Donna vers les ascenseurs. Brenda les y rejoignit. Ils montèrent dans un des ascenseurs et David appuya sur le dernier bouton.

Dans le feu de l'action, Donna semblait avoir oublié sa rencontre avec sa mère.

– La première question que je vais leur poser, dit-elle, c'est quelle est leur couleur préférée.

Kelly secoua la tête et dit :

– Comment, c'est ton groupe favori et tu sais pas ça ? Leur couleur préférée, c'est badd.

– Mais pourquoi l'ascenseur ne bouge pas ? demanda Donna qui ne tenait plus en place. Color Me *Badd*, ha, ha !

Ils regardèrent le panneau : à côté du bouton du dernier étage, il y avait une serrure. Le bouton était verrouillé et David n'avait ni la formule magique ni la clef.

Tout penauds, ils sortirent de l'ascenseur. Les portes se refermèrent derrière eux et David dit, très calmement :

– Bon, le plan A n'a pas marché. Passons au plan B.

– Et peut-on savoir en quoi consiste le plan B ? demanda Donna.

David semblait embarrassé par la question. Enfin, il eut un petit sourire triomphant et dit :

– Suivez-moi.

Hardiment, il se dirigea vers une porte où l'on pouvait lire : « Accès réservé exclusivement au personnel de l'hôtel. »

– David ! s'écria Donna.

La porte s'était refermée derrière David. Pouffant de rire, Brenda, Kelly et Donna le suivirent.

Par un escalier de ciment, ils descendirent trois étages. Ils parvinrent à un couloir qui semblait être sans fin. Des tubes fluorescents dégageaient de la chaleur. L'air était chaud, presque étouffant. La buanderie n'était certainement pas très loin.

– David ! cria Donna. On va s'attirer des ennuis.

– Il faudra qu'on nous attrape avant. Et si on nous attrape, on prendra l'air innocent et on dira qu'on s'est perdus.

Effectivement, ils détonnaient. Nul doute que quiconque les surprendrait à rôder dans ce sous-sol goberait la version de David, pensa Brenda.

– David a raison, continuons, dit Kelly qui prit la tête du groupe.

Le moindre bruit résonnait. Le couloir desservait des salles de cuisine, des buanderies et des pièces austères aux murs vert dollar avec à l'intérieur des tables en Formica. Soudain, il y eut un grincement de roue. Ils coururent se tapir dans l'obscurité d'un recoin. Le bruit avait cessé. David se hasarda à sortir la tête de sa cachette. Il fit signe aux filles de le suivre. Une femme de chambre s'éloignait.

Ils se précipitèrent vers l'endroit où elle avait laissé un chariot à la roue grinçante. C'était une pièce pleine à craquer de linge. Quelqu'un, peut-être la femme de chambre qu'ils avaient vue disparaître dans l'obscurité du couloir, viendrait charger le chariot. Et cette personne ne tarderait pas. En face de la lingerie, de l'autre côté du couloir, il y avait un énorme ascenseur de service qui, sans exagération, aurait pu contenir une Volkswagen. David jeta un coup d'œil au tableau de commandes de l'ascenseur. Dommage, le bouton du dernier étage était aussi verrouillé. Il s'éloignait avec Brenda lorsque Kelly aperçut une clef sur le chariot. Elle prit Donna par le bras, l'attira dans l'ascenseur et saisit la clef.

– Qu'est-ce que tu fais ? murmura Donna.

Kelly fit tourner la clef dans la serrure et appuya sur le bouton qui s'alluma. Elle jeta triomphalement la clef dans le chariot. Les portes de l'ascenseur se refermèrent bruyamment.

Pour des raisons que Kelly ne comprenait pas, Donna était au bord des larmes.

– Et David et Brenda ? demanda-t-elle.

– T'inquiète pas pour eux. Ils sauront bien se débrouiller sans nous, lui répondit Kelly qui jubilait.

C'était génial. Jouer au chat et à la souris avec la sécurité. Elle ne s'était jamais autant amusée de sa vie. Plus tard, elle serait cambrioleuse ou espionne. Gamine, elle adorait lire les aventures de Fantômette. Elle mènerait la vie mondaine et secrète d'Arsène Lupin. Kelly Taylor, gentlewoman cambrioleuse...

– Ils vont nous arrêter, laisse-moi sortir, implora Donna.

L'ascenseur atteignait le sixième étage. Avant que Kelly n'ait pu ouvrir la bouche, Donna avait appuyé sur le bouton.

– Tu oublies Color Me Badd, lança Kelly.

– Je ne veux pas me retrouver en prison.

Donna sortit de l'ascenseur. Elle se retourna. Kelly put lire de la tristesse dans ses yeux.

– Je ne crois pas que Color Me Badd en vaille la peine.

– En es-tu bien sûre ?

Mais déjà les portes de l'ascenseur se refermaient. Kelly se fichait de Color Me Badd. C'était l'idée de les dénicher dans leur tanière qui la grisait. Elle se jurait bien de ne pas revenir bredouille.

4

A la poursuite de Color Me Badd

Au fil des heures, Brandon, mais aussi Dylan, s'était résigné à ne jamais voir Brandy faire ce pour quoi ils l'avaient appelée. Steve, quant à lui, gardait espoir. Il ne quittait pas Andrea des yeux et bouillait d'impatience de la voir déguerpir. Mais Andrea ne semblait pas pressée de partir. Ils apprirent que Brandy avait travaillé pour la Croix-Rouge et que son fils de cinq ans s'appelait George.

Petit à petit, Brandy acquérait une dimension sociale et cessait d'être un corps aux courbes sensuelles équipé d'un magnétophone. Brandon était amateur de formes féminines. En d'autres circonstances, il n'aurait laissé sa place pour rien au monde. Mais vu le tour qu'avait pris la situation, il aurait trouvé bizarre que Brandy lui dévoile ses formes. Il aurait apprécié, certes, d'autant que l'intéressée était consentante, mais il aurait été gêné. Il le savait par expérience.

Il avait feuilleté des *Playboy*, il avait déjà couché avec quelques filles, mais le voyeurisme, non. Ce n'était pas son truc. Pour lui, une jolie robe ou une mini-jupe et un T-shirt moulant faisaient partie intégrante de la féminité.

Brandy et Andrea avaient échangé leur numéro de téléphone et s'étaient promis de se revoir prochainement. Elles étaient devenues aussi inséparables qu'une moule et son rocher. Mais Andrea regarda sa montre, s'étira et dit qu'elle devait s'en aller. Elles s'embrassèrent et Andrea partit, enfin.

Brandy jeta un regard coquin aux garçons en installant le magnétophone sur la table basse.

– Alors, on se le fait, ce rock ? dit-elle.

Et, joignant le geste à la parole, elle brancha le magnéto. C'était une cassette de Color Me Badd au titre évocateur : *I want to sex you up*. Elle commença à se déhancher au rythme de la musique. Elle leur tourna le dos et releva sa longue chevelure. Elle faisait descendre et monter la fermeture de sa robe, dévoilait lentement ses jambes recouvertes de collants noirs et soyeux.

Brandon n'y tenait plus. Juste au moment où ça commençait à devenir intéressant, il se pencha pour arrêter le magnéto.

– Qu'est-ce qui te prend ? s'écria Steve.

Brandon tenta d'expliquer sa gêne. Une ligne de démarcation séparait la strip-teaseuse inconnue de l'amie. Or, Brandy était en passe de devenir une amie.

Dylan et Steve prirent Brandon plus au sérieux que ne le fit Brandy.

– Vous les mecs, vous vous prenez la tête pour des riens. On s'amuse. Y a rien de malsain. Vous inquiétez pas.

– Ouais, mais quand même, dit Brandon. Ça me fait vachement bizarre de te regarder te déshabiller maintenant que je sais qui tu es.

Dylan partageait son avis. Steve ne tarda pas à baisser les bras. Brandy semblait amusée quand ils lui donnèrent son argent. Ils en avaient moins vu que sur la plupart des plages publiques. Elle enfila son imper, prit son magnéto et Brandon la raccompagna jusqu'à la porte.

Il commençait à penser que rien de pire ne pouvait lui arriver ce jour-là quand il ouvrit la porte et se retrouva nez à nez avec M. Walsh qui était sur le point d'introduire sa clef dans la serrure. Dehors, il tombait des cordes. Un vent frais et humide s'engouffra par la porte. M. Walsh sourit à Brandy.

– Bonsoir, dit Mme Walsh.

– Bonsoir. Brandy, la cousine de Cindy. Enchantée. Je me sauve, salut !

Et elle partit en courant, traversa la pelouse pour rejoindre l'allée et disparut derrière le rideau de pluie.

Brandon fut étonné de ne pas être bombardé de questions de la part de ses parents. Mais il savait qu'il n'était pas sorti d'affaire pour autant. Heureusement, Brandy était habillée quand ils l'avaient vue. Avec sa robe pied-de-poule, elle aurait même pu passer pour une fille de bonne famille. Ses parents s'imagineraient peut-être qu'il s'agissait d'une amie de classe ou d'une prof. Ou encore d'une représentante qui essayait de leur fourguer l'*Encyclopædia universalis*. Il allait les laisser parler et il abonderait dans leur sens.

Dylan et Steve ne lui étaient d'aucune aide. Ils prirent, l'un après l'autre, un prétexte quelconque pour s'éclipser.

M. et Mme Walsh se débarrassèrent de leurs manteaux mouillés et Mme Cindy Walsh demanda :

– La cousine de Cindy ?

– Une autre Cindy, répondit Brandon. Cindy Sanders, la cousine de Steve. Et votre soirée Shaker, c'était comment ?

– Très intéressant, dit Mme Walsh, visiblement préoccupée. Quelque chose m'échappe. Si Brandy est la cousine de la cousine de Steve, elle est aussi la cousine de Steve, non ?

M. Walsh haussa les épaules.

– Tu sais ce que c'est, les familles californiennes. Les divorces, les remariages, etc.

Brandon ne s'attendait pas à ce que son père lui tende la perche. Il l'en remercia intérieurement.

– Ouais, c'est sûrement ça. Content que vous ayez passé une bonne soirée.

Et il monta dans sa chambre. Il prit le livre qu'il devait lire pour son cours de littérature, *Crime et châtiment* de Dostoïevski. Il ouvrit le livre et se demanda ce que, plus tard, quand il serait plus vieux, il penserait de cette mésaventure. Il en rirait peut-être un jour quand il en ferait le récit à ses petits-enfants.

L'ascenseur avait atteint le dernier étage. Kelly avançait maintenant dans un dédale de couloirs de service. Elle s'étonnait d'être la seule du groupe à être parvenue si près du but. Elle n'en était pas peu fière. Donna se mordrait les doigts de s'être dégonflée à la dernière minute.

Elle glissa un œil par une porte battante. Au-delà se trouvait un couloir central. Elle brûlait. Elle prit son courage à deux mains et franchit la porte. A cet instant, un groupe de techniciens de l'équipe de Color Me Badd sortit d'une chambre avec des écheveaux de câbles sur les épaules. Kelly refoula sa peur et échafauda rapidement un plan d'action. Elle était à deux doigts de leur mettre la main dessus. Il était hors de question qu'elle laisse passer sa chance.

On lui avait dit un jour que le meilleur moyen d'entrer dans un studio de cinéma à Hollywood, c'était de s'habiller en conséquence et, une mallette à la main, de franchir le plus rapidement possible, d'un air dégagé, la porte d'entrée. C'était le moment de passer de la théorie à la pratique. Lorsqu'elle croisa les techniciens, elle leur fit un signe de tête. Ils lui répondirent et poursuivirent leur chemin sans se retourner.

Elle sentit son audace décupler. Elle sourit à un jeune homme en costume qui portait un dossier à la main. Il semblait pressé et fit à peine attention à elle.

C'était super. Elle était là à se promener dans les couloirs du dernier étage du *Bel Age* et elle passait inaperçue. Restait, cependant, à trouver Color Me Badd. Elle aurait pu demander à quelqu'un quelle suite ils occupaient mais c'était risqué. Et puis, c'en aurait été fini de la poursuite. D'un autre côté, à continuer d'errer dans les couloirs, elle attirerait tôt ou tard l'attention sur elle.

Elle tourna à l'angle du couloir central et tomba sur une des groupies qui, quelques minutes auparavant, grelottait sous la pluie devant l'entrée de l'hôtel à l'affût d'un regard d'une de ses idoles. La groupie au boa. Kelly était décontenancée par la vulgarité de cette fille. De toute évidence, sa tenue aguichante lui vaudrait les égards de tout individu du sexe fort ayant passé le cap de la puberté.

La groupie chercha à tester Kelly :

– C'est lequel qui te botte ? demanda-t-elle, méfiante.

Il s'ensuivit une conversation burlesque qui aurait très bien pu avoir lieu au fond du terrier du lapin du livre de Lewis Carroll. C'est que la groupie au boa s'inquiétait de savoir lequel des quatre musiciens avait la préférence de Kelly. Elle parlait d'elles en termes de produits frais (par opposition au nombre incalculable de boîtes de conserve et de surgelés). Son rêve était d'être consommée sur place par l'un, ou plusieurs, des membres du groupe.

– Nous n'avons pas les mêmes valeurs, dit Kelly en haussant les épaules.

Elle essaya de garder son calme mais l'attitude de la groupie la répugnait. Elle fut choquée lorsque la groupie lui demanda si son intention était aussi de se faire un des musiciens. La pauvre fille la prenait pour l'une de ses congénères.

– Mes amis et moi, on cherche à rencontrer Color Me Badd pour le fun.

– Et puis ?

– Et puis, c'est tout.

Kelly n'avait pas dû employer un ton assez convaincant car la groupie n'avait pas l'air de la croire.

– Nous n'avons pas les mêmes valeurs, dit la fille en imitant Kelly. Puis : T'excite pas trop, Sherlock.

Et elle s'éloigna en se dandinant du postérieur. C'était incroyable ce qu'elle arrivait à marcher vite avec des talons aussi hauts.

Kelly ne savait plus très bien quoi faire. Elle retourna sur ses pas jusqu'à un recoin où se trouvait un distributeur de boissons et un jeune homme qui pestait et frappait la machine du poing.

– Un problème ? demanda Kelly.

Le garçon se retourna. Il paraissait gêné.

– Oh ! salut, ouais. Cette satanée machine ne veut pas de mon dollar.

Kelly avait peur que le bruit n'éveille l'attention d'un agent de sécurité. Elle prit son porte-monnaie et en sortit un billet d'un dollar.

– Essayez celui-ci, il est plus rigide, dit-elle.

Il échangea son vieux billet fripé contre celui de Kelly. La machine l'accepta.

– Merci...

– Kelly. Kelly Taylor, dit-elle en lui tendant la main.

– Bryan Abrams.

– Enchantée, Bryan.

Kelly lui serrait la main quand elle comprit qu'il s'agissait peut-être du Bryan de Color Me Badd.

Mince alors ! Elle venait d'entrer en contact avec l'un des membres du groupe. L'émotion lui faisait perdre tous ses moyens. Elle ne savait pas quoi faire de ses mains et avait l'impression de se comporter comme une véritable gourde. Un jeune homme voûté aux cheveux blonds lui donna l'occasion de se ressaisir.

Il hurlait :

– Si je l'attrape, ce garçon d'étage, je la lui fais bouffer, sa boîte de soda !

Il avait un accent britannique qui habituellement n'était pas pour déplaire à Kelly mais le ton employé rompait le charme.

– Laisse béton, Freddy. J'aime bien me servir moi-même.

Kelly se demanda si c'était bien Freddy Cramer, l'attaché de presse de Color Me Badd, l'homme qui avait raccroché au nez de David, l'infaillible David Silver. Elle ne put s'empêcher d'esquisser un sourire en revoyant sa mine dépitée.

Freddy s'éloigna. Sa colère n'avait pas désarmé.

Bryan haussa les épaules et demanda à Kelly si elle voulait une place pour le concert du soir au *Whiskey*.

Donna allait crever de jalousie. Elle n'aurait qu'à s'en prendre à elle-même. A quoi rimait cette crise de nerfs si près du but ? Mais Kelly serait fair-play. C'est ensemble qu'ils iraient au concert. Un pour tous, tous pour un.

– Oh ! j'aurais bien voulu mais je ne peux pas. Enfin... j'ai trois amis...

Kelly était stupéfaite de son sang-froid. Andrea appelait cette maîtrise de soi *Chutzpan*.

– Je ne pourrais pas en avoir quatre ?

Une fossette se forma au coin de la bouche de Bryan. Kelly craquait pour les fossettes.

– Tu me forces la main, dit Bryan. Mais d'abord, tu viens avec moi. J'ai trois copains qui meurent d'envie de te connaître.

– Qui ça, moi ?

– Bien sûr, toi.

Bryan offrit son bras à Kelly qui avait l'impression de vivre un rêve. Il la guida jusqu'à une porte tout aussi banale que les autres. Il frappa et un gars costaud, le garde du corps typique, les laissa entrer. D'un air entendu, il sourit à Kelly.

Elle se retrouva à papoter avec Sam, Kevin, Mark et Bryan, comme si elle les connaissait depuis toujours. Ce qui était amusant, c'est qu'ils semblaient lui porter un tout aussi vif intérêt.

Apparemment, ça faisait un bout de temps qu'ils menaient une vie d'ascète.

– On adore nos fans, mais parfois ça simplifie les choses de s'isoler ici, tu comprends.

Ce n'était certainement pas facile d'être le groupe le plus en vue du moment. Kelly n'arrivait pas à éprouver de la compassion pour eux mais elle admettait que ça ne devait pas être rose tous les jours.

– Alors, c'est vrai ? On dit que vous ne pouvez même pas aller dans un centre commercial sans que les gens viennent s'agglutiner autour de vous.

– Triste mais vrai, dit Mark en souriant.

– Ne vous en faites pas. Personnellement, je suis fatiguée des centres commerciaux.

Bryan soupira :

– Moi, ça me manque.

Kelly eut l'impression d'avoir fait une gaffe. Mais les quatre garçons se mirent à rire et la conversation repartit de plus belle. Ils parlèrent de musique, du bahut, de fans, de toutes sortes de sujets que Kelly ne s'attendait pas à aborder avec le groupe de musique le plus écouté des Etats-Unis. Kelly les aimait déjà beaucoup et il lui sembla qu'elle allait devenir plus fan encore que Donna.

Brenda était fatiguée de monter les escaliers. David avait trouvé une autre porte réservée au personnel de l'hôtel. Ils grimpaient les marches cimentées de cette cage d'escalier qui résonnait comme le fond d'un puits glacial depuis quelque temps déjà. Brenda se demandait combien l'hôtel *Bel Age* pouvait compter d'étages. Bien trop ! Elle se pencha par-dessus la rampe. Les escaliers n'en finissaient pas de tourner et de tourner. Elle entendait les pas de David au-dessus d'elle. Aucun bruit en dessous.

– David ! appela-t-elle.

Sa voix lui revint en écho.

– Quoi ?

David semblait en colère d'avoir été interrompu. Interrompu dans quoi ?

– On a perdu Donna et Kelly.

– T'inquiète, elles étaient derrière nous. Elles nous rattraperont.

Peut-être, pensa Brenda qui estima qu'il aurait été poli de les attendre.

– On y est, dit David.

– Où ça ?

Brenda utilisa les dernières forces qui lui restaient pour rejoindre David. Il l'attendait devant la porte du dernier étage.

– De l'autre côté de cette porte se tient l'incarnation de nos espoirs et de nos rêves.

– Arrête le lyrisme et ouvre la porte.

– On devrait peut-être attendre Kelly et Donna.

– Elles nous rattraperont.

Brenda, si près du but, ne pouvait pas attendre plus longtemps. Kelly et Donna sauraient ouvrir la porte aussi bien qu'eux.

David était d'accord. Il saisit la poignée de la porte. L'abaissa. Rien. L'abaissa de nouveau.

Toujours rien. Il fallait bien se rendre à l'évidence. La porte était verrouillée.

– Elle est fermée, dit David, l'œil mauvais.

Brenda n'aurait pas dû s'attendre à autre chose de la part de David. Ils avaient monté tous ces étages pour des clous.

5

Les liaisons dangereuses

– Allez viens, dit Brenda. On évitera au moins à Kelly et à Donna de grimper jusqu'ici.

Elle commença à descendre péniblement les escaliers. Un étage plus bas, elle se pencha par-dessus la rampe et appela Kelly et Donna. Elle n'eut pour réponse que l'écho de sa voix et la respiration de David. Ils auraient pu se croire seuls au monde.

Brenda eut soudain la chair de poule. La lumière vive des néons l'agressait. Des odeurs étranges – de ciment, de produits de nettoyage et de moisissure – l'étouffaient.

– J'ai rien entendu, s'inquiéta David.

– Moi non plus. On retourne à ta chambre. Elles doivent nous y attendre.

Brenda essaya d'ouvrir la porte de l'étage mais elle était fermée. Angoisse.

David imita le rire d'un personnage d'un vieux film d'horreur tout en se frottant les mains :

– Ha, ha, ha !

– « Ah, ah, ah ! » fit l'écho.

– Arrête ça. Je déteste cet endroit, le supplia Brenda.

– O.K., désolé, dit David qui s'était fait peur à lui-même. Sortons de là.

Ils descendirent les marches quatre à quatre. Mais à chaque étage, la porte était verrouillée. Ils couraient maintenant et dans leur course folle vérifiaient à peine si les portes étaient fermées. L'espoir d'en trouver une ouverte les avait abandonnés. Brenda avait l'impression qu'ils étaient poursuivis par une présence maléfique, une sorte de démon qui habitait les recoins obscurs de cet escalier sans fin et qui se nourrissait d'âmes en peine. Elle savait bien que cette chose noire et ailée n'était que le produit de son imagination, et pourtant elle aurait juré qu'elle était là, derrière elle.

Leur course se termina devant une porte sur laquelle était marqué : « Rez-de-chaussée ». Hors d'haleine, ils restèrent quelques instants à regarder le battant.

– Si celle-là aussi est fermée, je te tue, dit Brenda à David.

– Cool. Tu vois bien qu'il y a marqué « Rez-de-chaussée ». C'est par là qu'on est passés tout à l'heure. Je te parie que Donna et Kelly nous attendent de l'autre côté.

Brenda croisa les bras. Ils reprirent espoir quand David abaissa la poignée et que la porte s'ouvrit... sur un tourbillon de vent et de gouttelettes. Dehors, la pluie tombait sur des poubelles, des cartons et des piles de bois. Brenda leva un poing au ciel et, de rage, frappa le mur.

– C'est la seule sortie, dit David, toutes les autres portes sont fermées.

Brenda resta là sans mot dire. Puis elle se tourna, lança un regard furieux à David et se précipita sous la pluie battante. Elle fut trempée comme une soupe en quelques secondes. Elle se dirigea vers un portail qui claquait au vent. Elle ne se retourna pas pour voir si David la suivait.

Le portail donnait sur l'entrée de l'hôtel. La foule était moins dense. Les accros semblaient beaucoup moins optimistes. La plupart d'entre eux avaient eu la bonne idée de prendre un parapluie. David allait avoir des comptes à rendre. Brenda montra sa clef au portier et traversa le hall. Ses bottes pleines d'eau couinaient à chacun de ses pas. David la suivit dans l'ascenseur. Il n'essaya pas de lui parler. Il appuya sur le bouton de l'étage où se trouvaient leurs chambres.

Brenda ne put garder le silence plus longtemps :

– Peut-être admettras-tu maintenant que tu n'as pas la science infuse.

– J'ai jamais dit ça.

En ouvrant la porte de sa chambre, il poursuivit :

– Et puis, si tu pensais que je ne savais pas ce que je faisais, pourquoi m'as-tu suivi ?

– J'ai été stupide. Ça te va, comme réponse ?

Les mains sur les genoux, Donna était assise

sur le bord du lit. Elle semblait abattue. A sa tête, Brenda comprit qu'elle n'avait pas eu plus de chance qu'eux. Mais elle, elle n'avait pas pris la saucée.

– Où est Kelly ? demanda-t-elle.

– La dernière fois que je l'ai vue, elle était dans l'ascenseur de service qui la menait vers le dernier étage de l'hôtel.

Cela n'avait pas l'air de la ravir. Elle n'avait pas levé les yeux.

– Enfin une bonne nouvelle ! s'exclama Brenda.

Si David agissait de manière irréfléchie, Kelly, elle, savait ce qu'elle faisait. Le monde lui parut soudain radieux. Elle passa ses doigts dans ses cheveux mouillés et dit :

– Bon, le brushing, ce sera pour demain. Il nous faut retrouver Kelly.

– Attends une seconde, dit Donna. Vous êtes trempés jusqu'aux os et on est tous fatigués. Vous ne croyez pas qu'on ferait mieux de rentrer chez nous ?

Donna semblait découragée. Si Kelly avait pu trouver le groupe, ils en étaient eux aussi capables. Comment pouvait-elle en douter ?

– Ecoute, Donna. On a des serviettes, un sèche-cheveux, tout le confort moderne. Si on abandonne, on est vraiment des nuls.

– Peut-être, mais ça me semble peine perdue.

– La situation nous apparaîtra sous un meilleur jour quand on se sera séchés. Je passe en premier à la salle de bains.

David n'y vit aucun inconvénient. Il s'assit près de Donna.

Dans la salle de bains, Brenda s'était déshabillée et séchait ses vêtements au sèche-cheveux. Que Dieu bénisse l'inventeur de plis permanents, pensa-t-elle. Elle se sentait revivre. Elle se rhabilla et rejoignit David et Donna.

David entourait Donna du bras.

– Ta mère était à l'hôtel, on est tombés dessus, où est le problème ? demandait-il à Donna.

Donna avait un air pitoyable. Elle secoua la tête.

– Je sais que vous faites tout ça pour moi. J'apprécie. Mais là, j'en ai vraiment ras le bol.

Elle couvrit son visage de ses mains et éclata en sanglots. David regardait Brenda, désemparé.

Brenda ne savait pas quoi faire non plus. C'était ridicule que Donna se mette dans des états pareils par pure jalousie vis-à-vis de Kelly. Il devait y avoir une autre raison. Ça ne pouvait pas être non plus parce qu'elle craignait de rencontrer à nouveau sa mère dans les couloirs de l'hôtel.

– Donna, dis-nous la vérité. Qu'est-ce qui va pas ? demanda Brenda d'un ton autoritaire.

Donna releva la tête. Ses yeux étaient rouges.

– Oh ! Brenda, ma mère a une aventure !

Et elle s'effondra, en larmes.

Brenda, qui avait un petit creux, estima que ce n'était pas le moment de demander chez quel traiteur de Los Angeles l'hôtel se fournissait. Elle alla dans la salle de bains et tira sur le distributeur de Kleenex. Elle revint dans la chambre, s'assit à côté de Donna et lui tendit un mouchoir.

– Que s'est-il passé ? demanda-t-elle.

Donna se moucha et s'essuya les yeux. Entre deux reniflements, elle raconta son histoire.

– Kelly a déverrouillé le bouton du dernier étage.

– Comment elle y est arrivée ? demanda David.

– David, là n'est pas le propos. Que s'est-il passé ensuite, Donna ?

– L'ascenseur montait au dernier étage. J'ai eu peur qu'on s'attire de graves ennuis. J'ai appuyé sur le bouton du sixième...

Ses lèvres tremblaient mais, courageusement, elle reprit :

– J'étais dans le hall du sixième étage et je cherchais l'ascenseur principal quand j'ai entendu quelqu'un qui riait derrière moi. Je me suis retournée. C'était ma mère. Elle était avec un type. Ils entraient dans une chambre.

– C'était peut-être un ami, dit Brenda qui se voulait rassurante.

– Brenda, ils se tripotaient et ma mère avait le chemisier à moitié ouvert.

– Ça m'a l'air sérieux, dit David.

On pouvait faire confiance à David pour envenimer les choses. Brenda lui jeta un regard de reproche. Il haussa les épaules et lui dit :

– Brenda, occupe-toi de Donna pendant que je vais me sécher.

Il se leva. Il y avait une grosse tache humide sur le lit à l'endroit où il avait posé ses fesses.

Lorsque Brenda entendit la porte se fermer, elle prit un ton rassurant et dit à Donna :

– N'en tire pas de conclusions hâtives avant d'en avoir parlé à ta mère.

– Mais je l'ai vue, Brenda, de mes yeux vue.

Elles restèrent silencieuses un instant. Beverly Hills avait la réputation de grouiller de femmes infidèles. La rumeur était donc fondée. Impossible de se voiler la face lorsque l'une d'entre elles s'avérait être la mère d'une très bonne copine. Brenda ne savait pas quoi dire à Donna. Elle lui prit la main et la tapota.

– Que va-t-il arriver maintenant ? Que va-t-il arriver quand papa découvrira la vérité ? Que va-t-il m'arriver ? Rien ne sera plus jamais pareil.

Inutile de se leurrer. Donna n'avait pas tout à fait tort. Sa vie allait être bouleversée.

Dans la salle de bains, David se séchait. Il finit par sortir.

– Vous pouvez rester si vous voulez, mais moi, je crois que je vais rentrer chez moi, dit Donna.

– On te laisse pas tomber, répondit David, on vient avec toi.

– Bien sûr, dit Brenda.

Ils descendirent à la réception et David réglait la note quand le réceptionniste dit à Brenda qu'on la demandait au téléphone.

Ça ne pouvait être que Kelly. Elle était la seule à savoir qu'ils étaient à l'hôtel. Brenda fut tout de même soulagée d'entendre la voix de son amie. Elle lui annonça triomphalement qu'elle était dans la chambre de Color Me Badd. Elle avait des places au premier rang pour le concert du soir. Mais lorsqu'elle apprit ce qui s'était passé, elle était prête à tirer un trait sur les tickets pour descendre réconforter Donna.

– Non, lui dit Brenda, va au concert. Tu nous raconteras tout ça dans les moindres détails. Fais-le pour Donna.

Elle eut du mal à la convaincre mais Kelly comprit qu'elle se rendrait plus utile en assistant au concert qu'en regardant Donna mouiller ses Kleenex.

Brenda raccrocha et s'en alla rapporter les dernières nouvelles à David et à Donna. Ils furent tous d'accord pour admettre que le concert de Color Me Badd n'avait plus désormais d'importance à leurs yeux. Ils s'apprêtaient à partir quand quelqu'un appela Donna. C'était sa mère.

Donna dit à ses deux amis :

– Attendez-moi dehors.

Elle n'avait plus envie de pleurer. Sa mère l'avait trahie. Elle n'éprouvait plus maintenant que de la colère, une colère froide.

Brenda serra le bras de Donna et David l'embrassa sur la joue. Puis ils laissèrent Donna avec sa mère.

Mme Martin était rouge de colère. Elle demanda à Donna ce qu'elle faisait encore à l'hôtel. Mais sa mère n'arriverait pas à inverser les rôles. La criminelle, c'était elle.

– Je t'ai vue, maman.

– Oui, pendant la pause déjeuner, dit Mme Martin qui perdait patience.

– Chambre 622. Je t'ai vue avec cet homme. Je vous ai vus rire et vous embrasser.

– Je ne pense pas que ce soit ni le lieu ni le moment...

– Tu as une liaison, maman ?

– Je ne te permets pas de me parler sur ce ton.

– Réponds-moi, tu as une liaison, maman ?

Mme Martin ne répondit pas. Dégoûtée, Donna partit en courant alors que les larmes lui revenaient aux yeux.

6

Grosse fatigue

Brenda était contente que ses amis aient de l'argent parce qu'elle n'aurait jamais pu payer la course. Dans le taxi, Donna reniflait mais elle ne pleurait plus. David lui faisait un baratin sur Color Me Badd pour la réconforter mais Brenda voyait bien que Donna ne l'écoutait pas. David comprit enfin que Donna en avait gros sur le cœur et il finit par se taire.

Le taxi déposa David et ramena les filles chez les parents de Brenda. M. et Mme Walsh étaient chez eux. Ils s'amusaient à reconstituer un puzzle. Avec la permission de Donna, Brenda essaya d'expliquer à ses parents ce qui s'était passé mais elle tournait autour du pot. Donna dit alors tout simplement :

– Ma mère a une liaison.

Imaginez le choc. Il leur fallut quelques secondes pour s'en remettre. Ils essayèrent de convaincre Donna que ce n'était pas la fin du monde.

Donna aurait bien voulu les croire mais trop de questions restaient sans réponse. « Qui est ce type ? depuis combien de temps le voit-elle ? que va devenir ma famille ? pourquoi les choses ne peuvent-elles pas rester comme elles le sont ? »

Puis Mme Martin arriva et essaya de convaincre Donna de rentrer à la maison. Elles étaient dans le vestibule mais depuis la cuisine Brenda et ses parents pouvaient entendre la conversation.

– Ecoute, Donna, il faut bien que tu comprennes qu'il arrive parfois des choses bizarres à un couple marié.

– C'est ça que tu veux que je comprenne ? dit Donna avec incrédulité. Ce que je comprends, oui, c'est que ma mère est hypocrite. C'est comme quand s'est posé le problème du préservatif, tu étais celle qui n'arrêtait pas de vanter les mérites de l'abstinence. Ah ! je ris !

– On n'élève pas la voix avec moi, ma fille.

– Tu as toujours privilégié les apparences plutôt que les sentiments. Eh bien, je suis très en colère et je ne vais pas le cacher parce que ça t'arrange.

– On reprendra cette conversation quand tu te seras calmée.

– Très bien, dans ce cas, tu peux rentrer chez toi. Je te souhaite bien du bonheur avec ton petit copain.

Donna courut dans la cuisine et se précipita dans les bras de Brenda.

– Qu'elle s'en aille, je ne veux plus lui parler.

Mme Walsh rejoignit Mme Martin dans l'entrée. Qu'allait-il se passer entre les deux femmes ? Donna se dégagea des bras de Brenda et se rapprocha de la porte pour mieux écouter leur conversation. Mme Walsh faisait celle qui n'était pas au courant. Elle proposa que Donna reste quelques jours chez eux et, à la grande surprise de Donna, sa mère accepta. Lorsqu'elle fut partie, Donna alla remercier Mme Walsh.

Mme Walsh lui parla alors en ces termes :

– Tu sais, Donna, je ne vais pas prétendre que je sais ce que tu ressens mais ce dont je suis sûre, c'est que pour une mère, une seule chose compte au monde, c'est l'amour qui l'unit à ses enfants. Crois-moi, Donna, ne tourne pas le dos à un amour aussi fort.

La première réaction de Donna fut de rejeter en bloc le conseil de Mme Walsh. C'était facile de parler d'amour. Les garçons le faisaient quand ils voulaient arriver à leurs fins. Sa mère avait sûrement dû dire à son père qu'elle l'aimait. Ce n'était pas parce que Mme Walsh aimait ses enfants que Felice Martin aimait sa fille.

Et pourtant Donna aimait sa mère, du moins jusqu'à cet après-midi. Non. Elle l'aimait toujours et c'était cet amour qui avait poussé sa mère à venir la chercher chez les Walsh, malgré la honte. Donna n'avait pas cessé d'aimer sa mère. Elle était juste déçue que sa mère ne soit pas aussi parfaite qu'elle se l'était imaginé. Même si sa mère s'était amourachée de cet inconnu, Donna ne croyait pas qu'elle l'en aimait moins pour autant.

Tant qu'il y a de l'amour, il y a de l'espoir. Donna devait y croire.

– Merci pour votre hospitalité, madame Walsh, mais je pense que je vais rentrer chez moi, maintenant.

– Tu en es bien sûre ?

– Oui, je crois.

M. Walsh reconduisit Donna chez elle. Heureusement, il ne se crut pas obligé de lui faire la morale ou de la consoler.

L'air était pur, comme souvent après un orage. Le ciel s'éclaircissait enfin. Un soleil d'argent perçait les nuages et projetait des ombres sur la fin de ce qui avait été une longue et rude journée.

Donna entra sans bruit et se glissa jusque dans sa chambre. Elle souhaitait réamorcer le dialogue avec sa mère mais il n'y avait rien d'urgent. Elles reprendraient cette conversation bien assez tôt. Donna n'alluma pas la lumière. Elle s'assit sur son lit, un mouchoir en boule dans la main. La pièce s'obscurcissait. Elle ne pensait à rien. Elle n'éprouvait qu'une vague tristesse.

Il lui sembla que des siècles s'étaient écoulés quand sa mère apparut sur le seuil et murmura son prénom.

– Je suis là, maman.

Mme Martin s'approcha et vint s'asseoir près

d'elle mais elle ne chercha pas à la toucher. Elle avait peur de la réaction de Donna.

– Tu as le droit d'être en colère. Mais essaie de comprendre que ce n'est pas facile pour moi non plus. J'ai l'impression que toute la confiance que tu avais en moi a disparu.

– Tu n'as pas tort.

– Tu ne peux pas savoir à quel point ça me fait mal.

Dehors, des pneus sifflaient. La pluie avait cessé mais les routes étaient encore mouillées.

– Que va-t-il arriver à notre famille ? demanda Donna.

– Quand ton père rentrera de sa réunion médicale, je lui dirai ce qui s'est passé aujourd'hui. Mais sache que, quoi qu'il advienne entre ton père et moi, tu resteras toujours pour nous la chose la plus précieuse au monde. Peux-tu me faire confiance au moins là-dessus ?

– Je crois que oui. Mais promets-moi d'essayer de tout arranger.

– J'essaierai, ma chérie.

Mme Martin serra Donna très fort contre elle. Elles s'embrassaient quand la sonnette retentit. Mme Martin alla ouvrir la porte, laissant Donna s'interroger sur la réalité de ce monde. Puis Mme Martin revint avec David Silver. David était venu voir si tout allait bien. Donna était contente de retrouver un visage ami.

Elle pensait qu'il valait mieux qu'elle reste chez elle mais sa mère l'encouragea à sortir.

– Tu as de la chance d'avoir de si bons amis. Va t'amuser avec eux ce soir.

– Tu as raison. Merci, maman.

David conduisit Donna au *Peach Pit* où Brenda les attendait à une table. Brandon, de l'autre côté de la pièce, nettoyait le comptoir. Donna se sentait bien, entourée de ses amis. A quoi bon vouloir tout résoudre ce soir ? Après tout, cela concernait en priorité ses parents. C'était à eux de faire pour le mieux. Devait-elle déplorer son impuissance face à la situation ou s'en réjouir ? Elle n'en savait rien.

Brandon vint prendre leur commande. Et Donna s'offrit son remontant préféré : une énorme coupe de glace à la menthe et au chocolat avec de la guimauve. Manquait le pop-corn pour que tout aille mieux. Mais il n'y en avait pas à la carte du *Peach Pit*.

Kelly entra. Elle était gaie comme un pinson et jolie comme une rose. L'air vif du printemps lui réussissait. Les questions sur le concert fusèrent. Donna menait l'interrogatoire tambour battant. Mais le récit de Kelly la déçut. Elle ne se souvenait pas de certains détails que Donna estimait cruciaux. Elle ne connaissait aucun titre de chanson et elle n'arrivait pas à distinguer les membres du groupe. C'est que Kelly s'inquiétait pour Donna. C'était gentil de sa part, mais Donna avait besoin de se changer les idées.

– J'essayais de trouver un moyen de te remonter le moral. Et puis j'ai rencontré ces garçons qui sont vraiment très sympa. Ils cherchaient un endroit où aller manger des hamburgers après le concert. Alors, je les ai amenés ici. Ils attendent dehors. Je vais les chercher.

– Kelly a ramené des mecs du concert pour te remonter le moral ? demanda David quand Kelly fut sortie.

Bizarre, en effet, pensa Donna. Puis les quatre membres de Color Me Badd entrèrent sans chichis dans le bar. Donna eut la surprise de sa vie. Kelly avait réussi son coup. Elle fit les présentations. Sam, Kevin, Mark et Bryan semblaient parfaitement à l'aise. Quant à Donna, elle esquissa un sourire et murmura un faible « bonsoir ».

– Alors, dit Bryan, ils sont où, ces fameux hamburgers dont tu nous as vanté les mérites, Kelly ?

– Pince-moi, je rêve, dit Donna, ils vont manger des hamburgers ici.

– Mais bien sûr, dit Kelly. Mais avant, ils vont devoir nous chanter une chanson.

– C'est la règle de la maison, décréta Brandon.

– La règle, c'est la règle, confirma Kevin en jetant un regard à ses trois amis.

Donna saisit la main de David lorsque le groupe interpréta *Hush, somebody's calling my name*. Leurs voix étaient si harmonieuses que tous les problèmes de Donna s'envolèrent sur les notes de musique.

Color Me Badd fit un triomphe. La chanson terminée, ils rejoignirent Donna, Kelly, Brenda et David. Brandon leur apporta des mégaburgers et ils se mirent à parler de tout et de rien comme s'ils se connaissaient depuis toujours.

Les hamburgers avaient disparu depuis longtemps et Brenda, désœuvrée, s'amusait à tremper une frite froide dans du ketchup quand Dylan fit son apparition. Il ne sembla pas très impressionné de rencontrer Color Me Badd.

Après les présentations, Brenda demanda à Dylan ce qu'il avait fait de sa journée.

– J'ai tué le temps avec Steve et Brandon, répondit-il.

– Brandon m'a dit que vous aviez passé un après-midi intéressant mais il ne veut pas me dire ce que vous avez fait.

– Pas grand-chose, en fait. Andrea est passée.

– Et c'est tout ? demanda Brenda, qui avait des doutes.

– Tu trouves que c'est pas assez ? Tu veux que je te raccompagne chez toi ?

Brenda savait que cette proposition en cachait une autre. Ils dirent au revoir et quittèrent le *Pit*. Dehors, Dylan prit Brenda dans son manteau et ils s'embrassèrent longuement dans le vent frais.

Color Me Badd interpréta ensuite *I Adore mi amore* tout spécialement pour Donna qui se blottit dans les bras de David.

A l'heure de la fermeture, Nat mit tout le monde dehors. Brandon l'aida à nettoyer et au bout d'une demi-heure, il rentra chez lui.

La journée avait été tellement chargée que

Brandon avait l'impression que deux ou trois jours s'étaient écoulés. Il allait enfin pouvoir dormir.

Chez lui, face au miroir de la salle de bains, il se mit à penser aux problèmes de Donna. On croit sa vie réglée comme du papier à musique et puis on descend au mauvais étage et c'est le disque qui se raie.

M. Walsh s'approcha de la porte.

– Je t'ai entendu rentrer. Où est ta sœur ?

Brandon savait que la question était piégée.

– Euh ! c'est Dylan qui la ramène.

M. Walsh fit un signe de tête. Brandon savait que son père pensait au couvre-feu. Brandon et Brenda devaient rentrer avant une certaine heure. C'était à titre indicatif mais ses parents prenaient la chose très au sérieux.

– Au fait, dit son père, la cousine de Steve a oublié sa carte de visite.

Il lui tendit le bristol.

Il était cuit. Sur la carte, on pouvait lire le prénom de Brandy suivi de « danseuse exotique et strip-teaseuse ». Une paire d'yeux le dévisageait sévèrement.

– C'est une longue histoire, papa.

– Elles le sont toutes, fiston.

Il laissa la carte à Brandon et ajouta :

– Elle te servira pour ta soirée d'enterrement de vie de vieux garçon.

Brandon dit avec un petit sourire désolé :

– Oui, papa. Tu voulais me dire autre chose ?

– Ce sera tout pour ce soir. Bonne nuit, Brandon.

– Bonne nuit, 'pa.

Avant de ramener Brenda chez elle, Dylan l'invita à monter chez lui. Ils se blottirent sur le divan du salon et s'embrassèrent tendrement. Ils étaient si bien dans les bras l'un de l'autre qu'ils ne virent pas les heures passer. Mais quand Brenda voulut prendre l'air sur le balcon, elle aperçut avec horreur l'horloge du magnétoscope.

Ses jambes flageolèrent. Elle secoua énergiquement Dylan.

– Il faut que j'y aille !

– Tu ne pourrais pas ne pas respecter le couvre-feu, juste une fois ? dit Dylan qui enroulait une mèche de cheveux de Brenda autour de son doigt.

– Ce serait la révolution.

Elle n'osait pas imaginer la réaction de son père.

– Il faut vraiment que je m'en aille.

Mais elle ne parvenait pas à s'extirper du divan.

– As-tu réfléchi, pour Baja ? C'est ce week-end que je fais une sortie surf au Mexique. Tu viens avec moi ?

– Tu sais bien que je suis encore leur petite fille.

– Ils te laissent bien venir ici, où est la différence ?

– La différence, c'est que je ne découche pas.

– Dis-leur que ce n'est que pour trente-six heures. On part samedi et on rendre dimanche soir au plus tard.

Brenda n'aimait pas qu'on lui force la main, même pour lui faire faire quelque chose qu'elle aurait fait de toute façon.

– Qui ne tente rien n'a rien, effectivement, dit-elle en se levant. Allez, viens, Dylan.

Dylan ne reparla pas de Baja dans la voiture mais Brenda n'avait plus que ça en tête.

7

Sonnez les matines

A pas de loup, Brenda remonta l'allée. Usant de sa dextérité, elle ouvrit la porte d'entrée sans faire de bruit. Mais la porte se referma derrière elle avec un déclic. Brenda se raidit. Le silence régnait dans la maison. Elle se dirigea à tâtons vers l'escalier. Soudain, la lumière s'alluma. Son père apparut sur le seuil de la cuisine. Il paraissait très en colère. Les faits jouaient contre elle. Elle composa du mieux qu'elle put. Elle dit n'avoir pas vu l'heure passer. Mais ça ne sembla pas satisfaire M. Walsh.

– Dis-moi, quel intérêt y a-t-il à instaurer un couvre-feu, si c'est pour ne pas le respecter ? lui demanda-t-il.

– C'est la question que je me posais.

– Tu vois trop – beaucoup trop – Dylan ces temps-ci. J'attends de toi que tu rentres à des heures raisonnables les soirs où tu as cours le lendemain.

– J'ai de bonnes notes, papa, où est le problème ?

M. Walsh secoua la tête et dit péniblement :

– Je ne crois pas trop te demander, Brenda, si ?

Elle allait survivre à cette rencontre sans que sa liberté ait à souffrir d'une amputation mortelle. Restait à trouver la sucrerie qui allait amadouer son père.

– Non, je ne crois pas, papa.

– Alors, je peux te faire confiance ?

– T'ai-je déjà déçu, papa ?

M. Walsh admit que non. Brenda embrassa son père, lui souhaita bonne nuit et monta dans sa chambre. Elle l'avait échappé belle. Mais il lui faudrait attendre un moment plus propice pour demander à son père la permission d'aller à Baja avec Dylan.

Le lendemain, au bahut, l'air était saturé d'émotions. Brenda n'avait que Baja en tête. David et Donna ne pensaient qu'au prochain mariage de Mel Silver et de Jackie Taylor. L'enthousiasme de David paraissait sincère mais Brenda soupçonnait Donna de ne s'y intéresser que pour oublier les disputes qui avaient lieu chez elle depuis l'aventure amoureuse, sans lendemain, de sa mère.

Kelly, quant à elle, se comportait en véritable garce. Elle était sarcastique quand elle parlait du mariage. Elle avait l'intention de se faire un week-end vidéo afin d'en ignorer les préparatifs.

A contrecœur, elle dispensa Brenda de regarder les cassettes avec elle, même si, selon elle, les chances qu'avait Brenda d'aller à Baja étaient minces.

Chaque fois qu'il croisait Brenda, Dylan lui demandait si elle allait bientôt en parler à ses parents. Mais Brenda n'avait aucune réponse satisfaisante à lui donner. Or, Dylan était invité à dîner ce soir-là chez les Walsh. C'était l'occasion d'aborder le sujet. En l'occurrence, ce fut Mme Walsh qui leur tendit la perche.

Brenda et Dylan étaient assis à table lorsque Mme Walsh dit :

– J'ai vu Mme Taylor aujourd'hui. Elle m'a dit que Kelly est très affectée par le mariage. Peut-être que ce week-end, tu pourrais essayer de lui remonter le moral.

Dylan jeta un regard encourageant à Brenda. Celle-ci avait l'impression d'être au sommet d'une montagne russe, prête à plonger pour le grand huit. Elle se lança prudemment :

– En fait, je ne pense pas que je passerai le week-end avec Kelly.

– Ah bon ! et pourquoi ?

– Dylan et moi, on a d'autres projets.

Gros silence... que Dylan rompit.

– Eh bien, je vais à Baja faire du surf et...

– Et il m'a demandé de l'y accompagner. C'est géant, non ?

Brenda scrutait désespérément le visage inquiet de ses parents.

– Baja... Baja, au Mexique ? demanda M. Walsh.

– C'est juste pour deux jours, se dépêcha de préciser Dylan.

– En fait, un jour et demi, renchérit Brenda, on partira samedi tôt dans la matinée et on sera de retour dimanche soir.

– Brenda, si tu me demandes si tu peux aller passer le week-end au Mexique avec Dylan, ma réponse est...

– Notre réponse est : on te le fera savoir, l'interrompit Mme Walsh.

M. Walsh jeta un regard étonné à sa femme.

– On va en discuter et on te donnera notre réponse.

Elle chassa Brenda et Dylan dans l'entrée. L'attente était mortelle.

Quelques minutes plus tard, Mme Walsh les rappela pour dîner. Les visages étaient tendus. Brenda mourait d'envie de connaître la réponse de ses parents mais un accord avait dû être conclu et elle ne voulait surtout pas saboter le plan de sa mère.

A la question du logement, Dylan expliqua qu'ils descendraient dans un endroit très convenable qui s'appelait *La Boca Grande*, une sorte de pension de famille, en fait.

– Tu veux dire un motel, commenta M. Walsh sur un ton accusateur.

– En quelque sorte, admit Dylan qui se voulut rassurant en ajoutant : Baja, c'est la Californie mais un peu plus au sud.

– Dylan prendra soin de moi, dit Brenda.

– Et ce n'est que pour deux jours, ajouta Mme Walsh.

M. Walsh était en minorité. Il sembla fléchir. Brenda sut que c'était dans la poche lorsqu'il dit :

– Appelle le docteur Ross et demande-lui si certains vaccins sont nécessaires.

Brenda comprit qu'elle était libre comme l'air. Elle n'avait plus qu'à se montrer reconnaissante et à promettre que, si ses parents la traitaient en adulte, elle se comporterait comme telle.

Dylan eut le mot de la fin :

– Maintenant, il ne me reste plus qu'à t'enseigner le surf.

Dans son enthousiasme, Brenda avait oublié le surf. Ne pouvait-elle pas aller au Mexique sans avoir à en faire ? Hors de question. C'était le but du voyage.

Chez les Taylor, les préparatifs du mariage allaient bon train. Jackie, Mel, David et Donna étaient passés maîtres en la matière. Ils en étaient à ouvrir des enveloppes et à établir des listes d'invités. Kelly, pendant ce temps, feuilletait un numéro récent de *Vogue* et faisait de son mieux pour ignorer les va-et-vient incessants autour d'elle.

– Ça en fait combien ? demanda David.

Son père parcourut la liste des invités, un paquet de feuilles agrafées couvertes d'annotations.

– Presque deux cents.

Tristement, Donna indiqua qu'ils auraient à

rayer au moins un nom sur la liste car si son père venait, sa mère déclinerait l'invitation, et vice versa.

– C'est bizarre, dit-elle, vous, vous organisez votre mariage pendant que mes parents organisent leur divorce.

– Donna, tes parents arriveront peut-être à sauver leur couple, on ne sait jamais, dit Mme Taylor.

Kelly leva les yeux de sa revue et lança :

– Tu parles en connaissance de cause ?

Jackie allait riposter quand le téléphone sonna. Lorsqu'elle revint, elle avait la mine déconfite. La liste des invités avait cessé d'être la priorité. La personne qui devait nettoyer la cour et remettre en état la maison avant le mariage s'était défilée sans prévenir. Elle avait trouvé un autre job.

Le lendemain, Dylan vint chercher Brenda avant le lever du soleil. Y avait-il vraiment un intérêt à se lever au milieu de la nuit ? Les vagues ? Mais les vagues venaient s'échouer sur les plages de Californie à toute heure de la journée, non ? En montant dans la Porsche de Dylan, Brenda vit deux planches coincées sur la banquette arrière.

Dylan était de très bonne humeur. Lui qui d'habitude était un garçon taciturne (il n'était pas du genre à livrer des commentaires sur tout et sur rien), ce jour-là, tout au long du trajet jusqu'à Malibu, il parla, dans les termes les plus poétiques, du surf, de la plage et de l'océan. Brenda ne l'en aima que davantage : il avait une si belle âme. Mais Dylan avait beau dire, Brenda n'avait toujours pas une envie folle de monter sur la planche.

Lorsqu'ils arrivèrent à la plage, le soleil étirait ses premiers rayons. Dylan gara la voiture sur le parking vide face à l'immensité furieuse. Un vent froid leur fouettait le visage. Brenda avait-elle sacrifié sa grasse matinée pour aller barboter dans de l'eau glacée ?

Dylan conduisit Brenda là où, disait-il, les vagues étaient les plus belles. Mais ils n'avaient pas fait dix mètres qu'ils passèrent devant un panneau qui interdisait la baignade : la mer était polluée. Les pluies torrentielles des derniers jours avaient lavé la ville de ses immondices et les avaient rejetées dans l'océan.

– Il faut qu'on arrête de prendre la mer pour une poubelle, dit Dylan, furieux.

Il avait certainement raison, mais que pouvaient-ils bien y faire, eux, ce matin-là ?

Brenda remerciait le ciel de lui avoir épargné la baignade.

– C'est dommage, dit-elle d'un ton qu'elle espérait convaincant.

Ils allaient prendre leur petit déjeuner quand une moto vrombit sur le parking et s'arrêta à quelques mètres. Lorsque le motard eut enlevé son casque, Dylan s'aperçut qu'il le connaissait.

– Hé ! Jake ! cria-t-il, ravi.

Le garçon se retourna. C'était un beau gosse aux cheveux blonds. Il leur fit signe de la main et eut un sourire que Brenda trouva charmant.

– C'est lui qui m'a appris à glisser sur les vagues, dit Dylan.

– A faire du surf, c'est exact, mais aussi à conduire une moto et à draguer les filles, ajouta Jake.

Jake était vraiment beau mec. On devinait des muscles puissants sous son jean et son blouson. Il avait l'âge d'être en fac. Lorsqu'il se fut approché, Brenda lui dit :

– Dylan n'a heureusement pas retenu tes leçons en ce qui concerne la drague.

– Je n'en suis pas si sûr, répondit Jake qui serra la main à Brenda et se présenta : Jake Hanson.

Ses mains étaient rêches. C'était un manuel. Jake et Dylan ne s'étaient pas vus depuis longtemps. Mais Jake était de retour et il louait une chambre dans Melrose.

– Passe au *Peach Pit,* lui dit Dylan, j'y dîne presque tous les soirs.

– Le *Pit* existe toujours ? demanda Jake, surpris.

– Tu plaisantes ! dit Brenda.

– Ça fait un bail que t'es parti mais le *Pit* est toujours debout, dit Dylan.

Dylan l'invita à prendre le petit déjeuner avec eux mais Jake voulait regarder un instant l'océan.

– J'ai besoin de me concentrer, dit-il.

Dans la voiture, Brenda confia à Dylan :

– Il a l'air sympa.

– Bas les pattes, lui dit Dylan.

– J'ai juste dit qu'il avait l'air sympa !

– Je sais ce que tu as dit.

Ils se chamaillèrent gentiment jusqu'à ce qu'ils trouvent un restaurant. Dylan invita Brenda puis ils allèrent en cours. Brenda se demandait combien de temps un océan restait pollué. Elle ne serait pas allée jusqu'à souhaiter une catastrophe écologique, bien sûr, mais si l'océan était pollué, qu'elle en tire au moins un avantage. Peut-être pourrait-elle aller à Baja sans avoir à faire du surf, après tout.

Ce soir-là, ils firent un tour au *Peach Pit*. Dylan espérait y voir son ami Jake. Brenda n'avait rien contre mais Jake n'y était pas.

Ils s'assirent au comptoir. Dylan fit une description de Baja : l'hôtel, la nourriture, les gens et, plus important que tout, les vagues, des vagues propres et gigantesques.

Brandon leur apporta leurs hamburgers et prévint Dylan que Brenda ronflait la nuit.

– Brandon ! s'écria Brenda.

Son frère était d'une grossièreté, parfois ! Et en public !

Andrea lisait à une table. Elle leva les yeux de son livre et de sa tarte et dit avec un sourire mélancolique :

– Vous allez au Mexique ! Ce serait génial si on louait une fourgonnette et qu'on y aille tous ensemble !

– Peut-être une autre fois, Andrea. On a plutôt envie d'un voyage romantique. D'un voyage en amoureux, dit Brenda.

– D'un voyage à deux, quoi, ajouta Dylan.

– Oh ! je vois, s'excusa Andrea.

C'est alors que Jake entra. Nat l'accueillit à bras ouverts. Apparemment Jake était souvent sur la route car Nat le taquina au sujet de son baluchon. Jake serra la main à Dylan et sourit à Brenda. Elle était contente de revoir Jake. Elle désespérait de rencontrer un ami « i » de Dylan.

Nat lui apporta une part de tarte à la pêche et ils allèrent tous les trois s'installer à la table de Steve, David et Donna. Brenda regardait tour à tour Dylan et Jake. Ils étaient beaux mecs tous les deux et parfaitement à l'aise l'un avec l'autre. On aurait dit un superbe mécanisme d'horloge bien huilé.

Jake avala une bouchée de tarte et dit en roulant des yeux qu'il n'avait pas mangé une aussi bonne tarte depuis son dernier passage au *Peach Pit*.

Andrea, par déformation professionnelle, lui demanda ce qu'il faisait dans la vie.

Jake avala une autre bouchée et sembla réfléchir à la question.

– J'ai dirigé une importante société de pétrole pendant quelque temps. Puis je l'ai vendue. Je me suis mis ensuite dans l'immobilier et j'ai construit un ou deux hôtels de luxe sur la Kona Coast. Je les ai vendus. Puis j'ai rencontré cette blonde et on a tout claqué en un week-end. Des lubies. Après quoi, il m'a semblé tout naturel de rentrer au pays.

Jake plaisantait, c'était évident. Ils éclatèrent tous de rire et Steve demanda :

– Et tu fais quoi maintenant ?

– Tout et rien, mon gars. En fait, je suis à la recherche d'un job.

– Tu saurais peindre une maison ? lui demanda David.

Brenda se demanda s'il s'agissait d'une de ces blagues qui ne faisaient rire que lui. Où allait-il trouver une maison qui avait besoin d'un coup de pinceau ?

– Mieux que Rembrandt, lui répondit Jake.

– Tu pourrais commencer tout de suite ? poursuivit David.

– Bien sûr. C'est la maison de qui ?

– Celle de la fiancée de mon père. Elle est désespérée.

– Une femme désespérée ? Mon type.

David gribouilla le nom, l'adresse et le numéro de téléphone de Jackie Taylor. Brenda se demanda si Kelly trouverait Jake aussi « intéressant » qu'elle. Mais elle oublia Kelly quand elle s'aperçut de l'heure. Elle rappela à Dylan qu'ils avaient encore beaucoup de choses à faire.

– Ouais, dit-il en se levant. Si on ne regarde pas *Les Raisins de la colère* à la télé ce soir, il faudra lire le bouquin.

– C'est un film super, dit Jake.

– Un superbouquin aussi, renchérit Dylan.

– Eh bien, c'est super, conclut Brenda. On y va. *Ciao*, Jake, *ciao*, tout le monde !

Et elle entraîna Dylan hors du bar. Ils n'avaient pas un long trajet à faire mais ils s'étaient levés tôt et ils bâillaient déjà avant d'arriver chez Dylan. Brenda avait la tête comme dans du coton.

Heureusement qu'ils allaient regarder un film. Lire un bouquin était au-dessus de ses forces.

Dylan avait loué la cassette. Ils n'avaient plus qu'à s'installer confortablement devant le poste de télévision. Le film était en noir et blanc mais Henry Fonda et Jane Darwell jouaient merveilleusement bien. Brenda pleura à chaudes larmes à plusieurs reprises face à la misère des petits fermiers. Mais ses paupières s'alourdissaient petit à petit et elle s'aperçut qu'elle ratait des scènes entières. Elle se réveilla en sursaut. L'écran était gris. Le film était terminé. Depuis combien de temps ?

– Mon Dieu ! s'exclama-t-elle lorsqu'elle vit l'horloge du magnétoscope.

Elle secoua Dylan qui finit par se réveiller.

– Dylan, il est quatre heures ! Comment as-tu pu t'endormir ?

– Moi ? marmonna-t-il en se frottant les yeux.

Elle mit ses chaussures et dit :

– Ramène-moi chez moi tout de suite, allez, dépêche-toi !

– Y a pas le feu au lac, grogna-t-il. Ton père va te tuer, de toute façon, et moi avec.

Il se leva et ils se dirigèrent en trébuchant vers la porte. Dehors, un vent froid les réveilla. Il y avait peu de circulation. Les seuls véhicules qu'ils croisèrent furent les camions des éboueurs et des voitures de police. Dylan essayait de convaincre Brenda que son père saurait se montrer indulgent. Elle n'aurait qu'à lui dire la vérité, qu'ils s'étaient endormis. Brenda aurait bien voulu le croire mais elle était loin d'être aussi optimiste.

Dylan laissa Brenda devant l'allée de la maison et repartit. Brenda était soulagée : aucune lumière aux fenêtres. Elle ouvrit la porte d'entrée et fit très attention à ne pas faire de bruit en la refermant. Elle se déchaussa et monta les escaliers en évitant les marches grinçantes. Elle marchait à pas feutrés vers sa chambre et se croyait déjà sortie d'affaire lorsque, provenant de derrière la porte de la chambre de ses parents, la voix de son père retentit :

– Brenda ?

Brenda essaya de rester calme.

– C'est bien moi, papa. Je file me coucher. A demain.

Mais la porte s'ouvrit et son père apparut sur le palier. Il entraîna Brenda dans sa chambre, referma la porte et alluma la lampe de chevet. La lumière rose était habituellement flatteuse. Ce soir-là, son père paraissait vieux et sévère. Il mit ses mains dans les poches de sa robe de chambre et dit avec un ton de reproche :

– Tu sais l'heure qu'il est ? Ta mère et moi n'avons pas pu fermer l'œil.

– Je suis vraiment désolée, papa. On regardait *Les Raisins de la colère* avec Dylan et on s'est endormis. Tu sais, comme dans cette chanson que tu aimes bien, *Wake up, little Susie*.

– Je ne crois pas que ce soit le moment d'évoquer les vieux tubes. Tu n'as pas respecté le couvre-feu, Brenda.

Brenda essaya de s'expliquer mais son père ne voulait rien entendre.

– Comment veux-tu que je te traite en adulte quand tu agis comme une gamine ? Si je ne peux pas te faire confiance ici, à Beverly Hills, explique-moi comment je pourrais te faire confiance au Mexique ?

Brenda ne maîtrisait plus la situation. Il fallait lui faire entendre raison.

– Papa, arrête, je t'en prie. Nous nous sommes endormis. J'ai dit que je m'excusais.

– Tes excuses ne suffisent plus, Brenda. Ça ne marche plus.

Brenda craignait le pire.

– C'est-à-dire ?

– C'est-à-dire que tu peux faire une croix sur le Mexique. Tu n'as qu'à t'en prendre à toi-même.

– Papa !

– La discussion est close, Brenda. Va au lit. Ou plutôt, prépare-toi pour aller en cours. C'est presque l'heure.

Avant que Brenda ne puisse penser à une réplique, son père était parti. Elle ne savait pas quoi dire, elle ne savait pas quoi penser, elle ne savait pas quoi faire. Elle s'assit sur son lit et se mit à pleurer.

8

Mi-fugue, mi-raison

Malgré tout, la vie continuait. Contrariée, Brenda ne parvint pas à fermer l'œil. Elle se doucha, s'habilla et prit le bus pour aller en cours. Pour la seconde fois consécutive, elle voyait le soleil se lever. Regarder le ciel s'éclaircir et naître un nouveau jour avait ses charmes, mais elle aurait bien voulu rester sous la couette encore deux petites heures.

Elle arriva au lycée avant le personnel de surveillance et dut attendre dans la cour jusqu'à l'ouverture des portes de l'établissement. Elle alla s'asseoir sur les marches d'escalier en face du casier de Dylan. Les couloirs commençaient à se remplir d'élèves. Brenda essayait de regarder le côté positif de tout ça. Son père lui interdisait d'aller au Mexique mais il ne lui avait pas interdit de sortir de la maison. Certains auraient donné leur main droite à couper pour pouvoir se balader dans Beverly Hills. Elle la première, à l'époque où elle vivait à Minneapolis. Mais à quoi bon positiver ? Sa déception était trop grande.

Dylan arriva. Brenda lui raconta ce qui s'était passé. Il ne parut pas surpris.

– C'est le vieux Jimbo tout craché, dit-il.

– Mais je ne veux pas t'empêcher d'aller à Baja, dit Brenda. Je m'en voudrais terriblement si tu n'y allais pas à cause de moi.

– C'est gentil, Bren, répondit Dylan.

D'accord, c'était elle qui lui avait proposé d'aller seul à Baja. Mais elle s'attendait à une tout autre réponse. Elle ne put s'empêcher de se sentir trahie. Elle était jalouse de la liberté de Dylan mais aussi de toutes les belles *señoritas* qu'il pourrait rencontrer à Baja.

En cours d'anglais, elle fit mieux à l'interro sur *Les Raisins de la colère* qu'elle n'était en droit de l'espérer. La plupart des questions portaient, en effet, sur les scènes où elle n'avait pas dormi.

Donna, elle, ne parlait que du mariage. Après les cours, Brenda, Donna et Kelly devaient aller à la boutique de mariage essayer leurs robes de demoiselles d'honneur. Donna avait le catalogue de la boutique avec les photos des robes qu'elles allaient porter pour la cérémonie : robes vaporeuses de soie et de dentelle rose bonbon.

– Ça fait très Scarlett O'Hara, dit Brenda qui passa le catalogue à Kelly.

– *Autant en emporte le vent*, répondit Kelly en jetant un rapide coup d'œil aux photos.

Brenda se fichait de l'humeur de Kelly. Elle avait ses propres problèmes. Pourquoi son père ne se montrait-il pas raisonnable ? Il fallait à tout prix trouver un moyen de le faire changer d'avis.

Dans la voiture, Brenda expliqua à ses deux amies la gravité de la situation. Elle n'avait jamais vu son père aussi en colère depuis le jour où son frère avait essayé de skier sur le toit de leur maison quand il avait onze ans.

– Tu iras à Baja une autre fois, quand tes parents auront fini de piquer leur crise, dit Donna qui se voulait réconfortante.

– D'ici là, je serai vieille et ridée comme une pomme de reinette.

Elles entrèrent dans la boutique. Un instant, elles oublièrent leurs problèmes devant la splendeur de leurs robes. Même Kelly fut momentanément impressionnée. Le malheur des uns faisant le bonheur des autres, Brenda, interdite de voyage au Mexique, lui tiendrait compagnie au cours du week-end, pensait-elle.

– Tu peux toujours passer le week-end avec moi. On regardera les cassettes que j'ai louées, dit-elle à Brenda.

– Mieux encore, dit Donna qui essayait sa robe. Tu pourrais dire à tes parents que tu passes le week-end chez Kelly et aller à Baja avec Dylan.

Brenda fut surprise. Kelly ne semblait pas étonnée, elle. Elle avait déjà entendu parler de cas similaires. Pour une fille qui n'était pas censée être une lumière, Donna pouvait faire preuve de créativité quand on venait à aborder des questions d'ordre pratique.

– Tu ferais ça pour moi, Kelly ? Tu mentirais pour moi ?

– C'est un peu risqué. Et si ta mère appelle ?

– Je pourrais la coiffer au poteau et l'appeler avant qu'elle m'appelle.

– Si elle appelle, Kelly n'a qu'à lui dire que tu es sous la douche, renchérit Donna. Puis elle t'appelle à ton hôtel au Mexique et tu rappelles ta mère.

– T'es passée experte en la matière, lui dit Kelly.

– C'était notre combine à moi et à ma cousine.

– Et ça marche ? demanda Brenda.

– Comme sur des roulettes, la rassura Donna.

Kelly secoua la tête en signe de désapprobation. Elle avait déjà été impliquée dans les manigances de Donna. Ça la faisait suer. Bien sûr elle avait peur de se faire piquer mais surtout, elle n'était pas certaine que le jeu en vaille la chandelle.

– S'il te plaît, Kelly, je t'en serai éternellement reconnaissante, supplia Brenda.

Kelly savait bien qu'elle finirait par fléchir. A quoi servaient les amis ? Mais elle n'en était pas moins réticente, et ce pour deux raisons : un sens aigu de la morale et un instinct de conservation développé.

Kelly attendait que se libère une cabine d'essayage lorsque sa mère fit son apparition en habits de ville avec le voile de sa robe de mariée sur la tête. Son ventre trahissait sa grossesse. La semaine précédente, elle avait dû passer à la taille supérieure.

– On me prendra bientôt pour la sœur jumelle de Piggy la cochonne, dit Mme Taylor.

Kelly était dégoûtée. Son monde était sens dessus dessous et tout ce que sa mère trouvait à dire, c'étaient de grosse vannes vaseuses.

– Kelly, tu serais un amour si tu pouvais aller à la maison pour moi. J'ai dit au nouvel homme à tout faire que je lui remettrais un chèque cet après-midi mais je suis coincée ici encore une bonne heure pour les retouches.

– O.K., d'accord, j'y vais, rechigna Kelly.

Décidément, ce mariage était la ruine de sa vie. Et ce petit inconnu, quels ravages allait-il faire ?

Mme Taylor demanda à Brenda et à Donna de les laisser seules un instant. Kelly s'attendait à être sermonnée. Qu'avait-elle fait de mal ? Dans l'histoire, c'était tout de même de sa gentillesse qu'on abusait. L'homme à tout faire, ce n'était pas une idée à elle. Ni ce mariage, d'ailleurs.

Mme Taylor regarda Kelly dans les yeux.

– Ton attitude me déçoit beaucoup. J'ai essayé de comprendre, vraiment. Je pensais que ça te ferait plaisir que tes amies soient mes demoiselles d'honneur. Et tout ce que tu trouves à faire, c'est de bouder.

– Je suis désolée, O.K. ? Qu'est-ce que tu veux de plus ?

– Que tu sois au moins sincère.

– Mais je suis sincère. Tu veux quoi ? Que je mette mes excuses par écrit ?

Sa mère était restée sans voix. Kelly ne pouvait pas s'enlever de la tête qu'ils allaient tous vivre sous le même toit, elle, sa mère, David Silver et son père, et le petit intrus. Sa vie était fichue.

Mme Taylor soupira :

– Tiens, voilà le chèque.

Kelly sortit du magasin climatisé. Dehors, il faisait une chaleur étouffante. S'il ne tenait qu'à elle, l'homme à tout faire attendrait le lendemain pour avoir son chèque. Ce devait être un vieux grincheux qui voulait son argent pour s'acheter du tabac à chiquer et un nouveau bleu de travail.

Sur le chemin, elle se demanda si ce n'était pas le moment de prendre la clef des champs. Elle pourrait aller à la mer ou entrer dans un cirque. Elle poursuivrait Color Me Badd. Elle pourrait ouvrir une agence de détective privé. On pouvait rêver, non ? Mais ces rêves-là ne deviendraient jamais réalité. Kelly savait bien qu'elle était condamnée à faire partie du ménage Taylor-Silver, du moins jusqu'à ce qu'elle décroche son bac. Et sa mère voulait qu'elle saute de joie ?

Kelly se gara dans l'allée et sortit de la voiture. Quelle ne fut pas sa surprise ! Sur une échelle se tenait un dieu grec, torse nu, qui étalait au pinceau de la peinture blanche. Il tournait le dos à Kelly, un dos étonnamment musclé qui luisait de sueur au soleil. Il était vraiment canon dans son jean moulant. De temps en temps, il secouait la tête pour rejeter en arrière ses cheveux blonds mouillés de sueur.

C'était lui, l'homme à tout faire ? Elle remercia le ciel de lui avoir envoyé cet Adonis.

Elle le héla. Il se retourna. Côté pile, il était super. Côté face, c'était encore mieux. Il sourit. Son sourire était éclatant. Il ressemblait à ces héros de couvertures de romans à l'eau de rose dont sa mère était friande. Et qu'il ne porte pas de chemise ne gâchait rien au tableau.

– Salut, dit la vision. Vous êtes certainement la sœur de Jackie ?

– Sa fille, répondit Kelly, fière comme Artaban de paraître plus vieille que son âge.

– Excusez-moi. Je suis Jake Hanson.

– Kelly Taylor. Vous devez être l'homme à tout faire ?

– J'ai cette chance, en effet. Alors, une grande fille et un petit en route ? Deuxième mariage, je me trompe ?

– Quatrième, mais qui compte encore ?

– Vous, peut-être ?

– Pardon ?

Encore un de ces mecs qui, parce qu'ils sont beaux et qu'ils le savent, se croient tout permis, pensa Kelly qui avait une sainte horreur de ce genre de personnage.

– Désolé, je ne voulais pas être indiscret, s'empressa de s'excuser Jake.

Il était beau. Il était poli. Il avait une très belle voix. Et il était entré dans la vie de Kelly grâce à un mariage qu'elle réprouvait encore trois minutes plus tôt. La vie vous réservait de ces surprises !

– Pas de quoi. Vous pouvez être indiscret si ça vous chante, lui répondit Kelly.

Elle lui sourit et entra dans la maison en fredonnant.

Brenda était assise sur un tabouret du *Peach Pit* à côté de Dylan. La vie était parfois injuste. Brenda n'arrivait pas à comprendre le problème de Kelly. Un mariage était une chose merveilleuse, comme la naissance d'un enfant. D'accord, vivre avec David Silver n'avait rien de réjouissant, mais il n'y avait pas de quoi en faire un fromage. Elle vivait sous le même toit que Brandon et elle s'en accommodait sans peine. Elle et Donna avaient de sérieux problèmes, oui. Et elles faisaient contre mauvaise fortune bon cœur. La chance de sa vie venait de lui passer sous le nez tout simplement parce que son père était un vieux raseur sans cœur. Quant à Donna, sa vie s'effilochait jour après jour. Alors Kelly et ses problèmes transcendantaux...

Brenda tenait plus que tout à son week-end au Mexique. Grâce à ses amies, elle avait sa couverture. Dylan lui conseillait plutôt de revendiquer son indépendance.

– Ça c'est un plan génial ! s'exclama Brenda. Je me vois rentrer chez moi et dire : « Salut ! Je file avec Dylan à Baja, que ça vous plaise ou non. Ne m'attendez pas pour aller vous coucher ! » Mes parents m'écorchent vive, oui !

– Mais tu es dans ton droit. La seule raison qu'ils aient de t'interdire de partir, c'est que tu t'es endormie devant la télé. Ça arrive à tout le monde. C'est typiquement américain.

– C'est exactement ce que j'ai dit à mon père. Mais il ne veut pas me croire. Il n'est pas comme ça avec Brandon. C'est de l'injustice, du sexisme. J'en ai ras le bol.

Cette injustice faisait sortir Brenda de ses gonds. Elle agitait sa fourchette à gâteau sous le nez de Dylan.

– J'ai le même âge que Brandon. Je devrais jouir des mêmes droits et privilèges !

Brandon n'était jamais parti avec une fille au Mexique mais, pour Brenda, il ne faisait aucun doute que s'il avait voulu, son père lui en aurait donné la permission.

Dylan écarta la fourchette menaçante de la main.

– Hé ! je suis dans ton camp, n'oublie pas !

– Eh bien, c'est décidé. Je pars, un point c'est tout. Je ne suis plus la fifille à papa. C'est pas parce que mes parents n'ont pas l'esprit ouvert qu'ils vont me fermer la route.

– *Muy bien chica !* s'exclama Dylan en lui donnant gentiment un coup de poing sur l'épaule.

Brenda était certaine de bien faire. Mais pourquoi ce doute ne la quittait-il pas ? Dylan la raccompagna chez elle. Elle entra, un sourire mystérieux sur les lèvres. Elle se sentait adulte et courageuse.

Pourtant, il y avait ce doute qui la hantait. Ses parents ne la cloîtreraient pas dans sa chambre (c'était moyenâgeux comme méthode) mais ils n'apprécieraient certainement pas qu'elle aille à Baja contre leur gré. Ils lui répéteraient qu'elle n'était encore qu'au lycée et que, aussi longtemps qu'elle vivrait sous leur toit, il lui faudrait se soumettre à l'autorité parentale.

A franchement parler, c'étaient des arguments de poids. Son argument à elle, le seul qu'elle puisse vraiment avancer, c'était qu'elle était mûre pour son âge, aussi mûre que Brandon. Ça ne pesait pas lourd dans la balance. Elle vivait effectivement sous leur toit et son argent était le leur. Mais là n'était pas la question.

Le meilleur moyen d'éviter toute confrontation, c'était d'en rester à son premier plan : la couverture. Elle mentirait à ses parents. Non, ce ne serait pas véritablement un mensonge, elle ne ferait que leur cacher la vérité. Si on l'appelait chez Kelly pour avoir des nouvelles, Kelly la préviendrait et elle rappellerait tout de suite. On voulait savoir si tout allait bien, pas où elle se trouvait.

Le lendemain, Brenda se leva une nouvelle fois avant le soleil. Ça devenait une habitude fatigante. Mais elle était trop surexcitée pour rester au lit. Le plus silencieusement possible, elle se leva et fit ses bagages. Elle avait pris sa douche, s'était habillée et était sur le point de partir quand Brandon entra par la porte de la salle de bains.

– C'est quoi tout ce chahut ? dit-il. L'apocalypse ?

– Je vais passer le week-end chez Kelly.

Dylan McKay (Luke Perry)

Donna Martin
(Tori Spelling)
et *David Silver*
(Brian Austin Green)

Les jumeaux Walsh :
Brenda
(Shannen Doherty)
et *Brandon*
(Jason Priestley)

Dylan McKay (Luke Perry) et *Kelly Taylor* (Jennie Garth)

Donna Martin (Tori Spelling)

David Silver (Brian Austin Green)

Kelly Taylor (Jennie Garth)

Steve Sanders (Ian Ziering)

Andrea Zuckerman (Gabrielle Carteris)

Mentir n'était pas si difficile, avec un peu de pratique.

– A quatre heures du mat ? Tu es sûre que tu ne pars pas plutôt à Baja avec Dylan ? Les parents vont exploser.

– Seulement si tu mets le feu aux poudres. Et je sais que tu ne vendras pas la mèche.

– Et qu'est-ce que je leur dis s'ils me posent des questions.

– Que je suis chez Kelly. Tout est prévu.

– Ils n'avaleront jamais ça. Tu vas te ramasser une gamelle.

C'était horrible. Son propre frère, l'instigateur de sa chute ! Il lui fallait le gagner à sa cause.

– Brandon, je t'en supplie !

Brandon la regardait, dubitatif.

– Ça va te coûter cher.

– Ce que tu veux, Brandon.

Des graviers crépitaient contre la fenêtre.

– C'est Dylan. Tout ce que tu veux. Promis.

Elle saisit son sac et, sur la pointe des pieds, se dépêcha de sortir. Sa fuite prenait des airs d'évasion d'Alcatraz.

9

Mexico, sous ton soleil qui déchante

Brandon ne voyait pas de mal à ce que Brenda parte au Mexique avec Dylan. Elle n'était plus une enfant et on pouvait compter sur Dylan. Ils reviendraient entiers de Baja et dans le pire des cas sans caisse de tequila.

Mais Brandon avait la cervelle suffisamment pleine pour comprendre que ses parents ne le verraient pas du même œil. Bien sûr, ils souhaitaient tout autant que lui que Brenda rentre à la maison saine et sauve. Mieux encore, ils souhaitaient qu'elle ne parte pas du tout. Brandon avait bien peur que s'ils découvraient le pot aux roses, la sentence soit dure et sans appel. Combien de temps Brenda pourrait-elle garder son voyage secret ? Elle ne pourrait rien rapporter qui éveille les soupçons. Et même si elle revenait sans aucun souvenir, quelqu'un, peut-être Brenda elle-même, la trahirait involontairement.

Non, Brandon n'y voyait pas de mal. Sauf que

Brenda les avait mêlés, lui et ses amies, à son voyage secret puisqu'ils étaient censés la couvrir. En d'autres termes, si elle se faisait attraper, et c'est ce qui arriverait à plus ou moins long terme, elle les entraînerait dans sa chute.

Il était encore temps d'éviter le pire. Brandon n'avait qu'un mot à dire à ses parents au petit déjeuner. Mais il ne le ferait pas. De toute façon, il était trop tard pour sauver la peau de Brenda. Quant à la trahir pour sauver sa peau à lui, ça ne lui ressemblait pas.

A peine avait-il mis un pied dans la cuisine pour prendre son petit déjeuner qu'il fut sous pression. Ses parents ne se doutaient de rien. Mais ils s'étonnaient tout de même que Brenda soit partie si tôt pour aller chez Kelly.

– Je crois l'avoir entendue dire qu'elles allaient au marché aux puces. Chercher un cadeau pour Jackie et Mel, dit-il.

– Effectivement, mieux vaut y aller tôt si on ne veut pas rater une bonne affaire, acquiesça Mme Walsh.

– Effectivement, renchérit Brandon.

– Je devrais peut-être les appeler pour savoir si elles ont déjà une idée, poursuivit Mme Walsh qui se dirigeait vers le téléphone.

Brandon se dépêcha d'ajouter :

– Elles sont sûrement déjà parties. Et puis Brenda a dit qu'elles iraient au ciné après.

Brenda avait au moins raison sur un point : un mensonge en entraîne toujours un autre.

Mme Walsh revint à table et entama sa tartine, pensive :

– Dans ce cas, je les appellerai plus tard, dit-elle.

– Attends qu'elle t'appelle, c'est encore mieux, intervint Brandon.

– Oui, tu as raison.

Mme Walsh semblait un peu surprise de l'obligeance de son fils. Elle lui demanda :

– Brandon, tu penses que nous avons été trop sévères avec Brenda ?

C'était une question piège à la « ni oui ni non ». Il fallait jouer serré.

– Je pense que vous aviez vos raisons.

M. Walsh, couteau et fourchette à la main, posa les poignets sur la table et dit :

– Je suppose. Mais elle en mourait tellement d'envie. J'aurais dû lui donner une seconde chance.

Pas de doute. Si Brenda était restée gentiment à la maison ce week-end-là, elle aurait pu aller à Baja le week-end suivant, avec la bénédiction de ses parents. Seulement voilà, Brenda avait fait son choix et maintenant, ils étaient tous dans la gadoue.

Brandon rassura son père :

– Te prends pas le chou, papa. Je suis sûr qu'elle comprend.

Brandon sirota son café. « Bien sûr qu'elle comprend. Elle s'en fiche pas mal, oui ! Pourvu que les jours à venir ne soient pas aussi intéressants que je le crains », pensa-t-il.

La route s'ouvrait, large, devant eux. C'était magnifique. L'océan brillait sur leur droite. Il disparaissait parfois derrière un village de maisons en stuc. Les haut-parleurs encastrés dans les portières de la Porsche décapotable de Dylan beuglaient les meilleurs titres des Beach Boys. Ils passèrent devant le camp militaire de Pendelton et un panneau, un arrêt de bus, apparemment, amusa beaucoup Brenda. Il y avait marqué : « Ramassage de militaires ».

– Je ne pensais pas qu'ils en faisaient une telle consommation, dit Dylan.

Et ils éclatèrent de rire.

Brenda avait laissé Dylan croire qu'elle avait suivi son conseil et qu'elle avait eu une discussion franche avec ses parents. Elle lui dirait la vérité, tôt ou tard. Enfin, bien assez tôt. A présent, elle profitait de ces instants de bonheur qui auraient été forcément gâchés si Dylan avait su que Brenda allait sortir du territoire américain sans la permission de ses parents.

Ils traversèrent San Diego et passèrent la douane sans aucune difficulté. Des deux côtés de la frontière, le paysage était identique : du désert avec quelques arbres rabougris et des buissons secs. Par contre, les routes mexicaines n'étaient pas aussi bonnes. Le paysage semblait inspirer Dylan. Il essayait de se souvenir des paroles du générique des *Trois Caballeros*, vieux dessin animé de Walt Disney. Brenda dit ne pas se souvenir de l'avoir jamais vu, ce qui fut une erreur de sa part car il se mit alors à lui raconter tous les détails les plus horribles. A mi-chemin entre la frontière et Ensenada, Dylan décida de s'arrêter pour faire le plein. Ils entraient dans la station-service lorsque Dylan dit à Brenda :

– Tu ne peux pas savoir ce que je suis content que tu aies finalement tenu tête à tes parents.

Il était temps de mettre fin au malentendu.

– Je ne leur ai pas véritablement tenu tête.

– Ah bon ?

– Non, pas véritablement. Ils croient que je suis chez Kelly.

Dylan secoua la tête et dit « Brenda » d'une telle façon que Brenda crut entendre son père. Le désert joue parfois de vilains tours à ceux qui le traversent.

– T'inquiète. J'ai juste un coup de fil à passer.

Dylan avait emporté des pièces de monnaie mexicaines qu'il avait accumulées au fil des ans. Avant son départ, Brenda avait eu la prévoyance de se renseigner sur les appels vers les Etats-Unis à partir d'une cabine téléphonique mexicaine.

Le téléphone sonnait. Brenda s'était préparée à prendre la voix de celle qui n'était qu'à une dizaine de kilomètres de chez elle lorsqu'elle entendit Brandon à l'autre bout du fil. Dylan, qui l'avait rejointe dans la cabine, la rendait folle en lui faisant des bisous dans le cou.

Brandon la prévint qu'il avait dit à ses parents qu'elle était allée aux puces acheter un cadeau de mariage.

– C'est pour ça que tu es partie de si bonne heure ce matin, murmura-t-il.

– O.K., merci, Brandon.

– Un petit service qui se paie cher, Branda.

– O.K. Passe-moi maman.

Brenda entendit Brandon appeler leur mère, puis une conversation étouffée, et son frère reprit l'appareil. Il était stupéfait. Sa mère ne tenait pas à parler à Brenda puisque tout allait bien.

Brenda n'en revenait pas non plus.

– Une expérience à renouveler, dit-elle.

– Que ça ne t'effleure pas l'esprit, menaça Brandon.

– Bon, je t'appelle à la première heure demain matin. On descend au... Dylan, où est-ce qu'on descend ?

Il lui chuchota à l'oreille le nom de l'hôtel d'une telle façon qu'elle regretta de ne pas être encore arrivée.

– On descend à *La Boca Grande* de Baja, finit-elle par dire à Brandon.

– O.K. *Ciao*.

Avant qu'ils n'arrivent à l'hôtel, le soleil avait pris des teintes rouge sang. Dans un halo de brume, il s'immergeait lentement dans le Pacifique.

Le motel était un bâtiment d'une blancheur immaculée. Brenda se l'était imaginé plus grand. Il paraissait livide, presque fantomatique. Derrière, à courte distance, l'océan venait s'abattre sur la plage dans un bruit de train qui approche.

Brenda était épuisée. Elle avait attrapé un coup de soleil et elle mourait de soif. Elle ne désirait plus qu'une chose au monde : un grand verre d'eau fraîche. Mais l'eau était-elle potable ? Peut-être allait-elle devoir se mettre à la bière par mesure préventive ? Et puis elle aurait bien pris un bon bain. Et elle aurait bien aimé se changer aussi. Après quoi, qui sait... ils étaient à des centaines de kilomètres du Walsh le plus proche.

Ils portèrent leurs valises dans le hall de l'hôtel. La déco n'avait rien à voir avec celle des établissements mexicains de Los Angeles qui prétendaient être authentiques. Le sol était en brique rouge et des sombreros pendaient aux murs blanchis à la chaux. Ce n'était pas du toc.

Au comptoir de la réception, Dylan appuya sur la sonnette. Une femme forte en habit traditionnel sortit d'un bureau en se dandinant. Elle était assez vieille pour être grand-mère. Lorsqu'elle vit Dylan, elle se fendit d'un large sourire. Ils allaient être traités comme des rois, pensa Brenda.

Dylan fit les présentations :

– Brenda Walsh, Rosalita Valdez.

Dans un anglais bien meilleur que l'espagnol de Brenda, Rosalita demanda :

– Qu'est-ce que tu as fait de l'autre, de cette Stacy ?

Brenda sursauta au nom de la jeune fille. La moutarde lui monta au nez.

– Stacy, qui c'est ?

La mine déconfite de Dylan confirma les soupçons de Brenda.

– C'est juste quelqu'un avec qui je suis venu une fois ici, dit-il en haussant les épaules.

Brenda n'en croyait pas ses oreilles. Sur un ton accusateur, elle demanda :

– Quand ça ?

– Ben, euh, l'été dernier.

– Mais on sortait ensemble, l'été dernier !

– C'était quand on avait cassé.

– Non mais je rêve ! Notre couple connaît une petite crise et monsieur prend cette excuse pour amener une pétasse au Mexique ?

– Calme-toi. T'es pas juste, Bren.

– Tu m'as menti.

– Je t'ai pas menti.

– Pour moi, ne pas dire quelque chose de cette importance, c'est un mensonge.

Dylan jeta un regard désespéré à Rosalita.

– On pourrait avoir nos clefs, s'il vous plaît ?

Rosalita semblait légèrement surprise que sa question innocente ait soulevé un tel tollé. Brenda lui dit de garder les clefs.

– Nous partons.

Assoiffée, éreintée, Brenda prit ses bagages et se dirigea vers la porte. Elle ne savait pas où aller (c'était une longue marche jusqu'à Beverly Hills) mais ce dont elle était sûre, c'est qu'elle ne resterait pas une seconde de plus dans cet hôtel avec Dylan.

– Brenda ! appela Dylan.

Brenda sortit dans la lumière qui déclinait. Elle se planta devant la voiture, furieuse.

Kelly s'autorisa à apporter un verre d'eau fraîche à Jake. Il faisait très chaud et il travaillait dur. Pourquoi n'en aurait-elle pas eu le droit ? Qu'il soit canon était une chose. Manquer à une action charitable en était une autre. Enfin, charité bien ordonnée...

Jake travaillait très vite. Il avait fini de repeindre la maison. Maintenant il plantait des clous dans ce qui paraissait être une grande cage à oiseaux. Il ne portait toujours pas de chemise. Kelly prit plaisir à le regarder boire son verre d'eau.

Quand il eut fini, il la regarda puis se remit à la tâche.

– Qu'est-ce que c'est ? demanda Kelly.

– C'est une marquise, dit Jake qui posa son marteau. Ta mère l'a dessinée elle-même.

– Dans son état, elle ferait mieux de mettre un bémol.

– Hé ! enceinte ou pas, ta mère se marie. C'est le grand jour de sa vie. Ne lui reproche pas ses petits plaisirs.

On aurait dit un conseiller d'orientation ou un assistant social. Qui était-il pour lui donner des leçons ? Après tout, il n'était guère plus âgé qu'elle. Mais il était si mignon et il parlait avec tant de simplicité, sans arrogance, que ce qu'il disait devenait plus facile à accepter ou, du moins, méritait considération.

O.K., elle s'était conduite comme une peste. Elle pouvait effectivement faire un petit effort. Mais la vie n'était pas sympa avec elle. Parce que sa mère n'avait aucune maîtrise sur ses hormones, elle allait hériter d'un père, d'un David Silver et d'un petit frère ou d'une petite sœur. Pourquoi est-ce que personne ne voyait le bouleversement que ce mariage allait provoquer dans sa vie ?

Bien sûr, elle n'allait pas pour autant s'y opposer. Elle souhaitait le bonheur de sa mère. Elle savait tout ça mais elle ne pouvait pas s'empêcher d'empoisonner son monde.

Jake avait scié une planche qu'il ajoutait maintenant à l'armature qui grandissait.

Sans lever les yeux, il dit à Kelly :

– Je crois que je sais où est ton problème.

– Ah ! vraiment ? dit-elle sur un ton sarcastique qui feignait l'indifférence.

Mais elle était curieuse de savoir ce qu'il allait lui répondre. Jake semblait être philosophe. Peut-être avait-il la solution à son problème ?

Jake, ignorant le sarcasme de Kelly, poursuivit :

– Je crois que tu t'accroches désespérément au passé. Regarde la réalité en face et envisage un nouveau départ.

Ce n'était pas ce que Kelly aurait souhaité entendre. Jake n'avait pas la solution pour faire disparaître Mel et David Silver et le bébé. Il lui proposait de s'adapter à la nouvelle situation. Elle ne pouvait pas s'adapter, O.K. ? Désolée, c'était au-dessus de ses forces. Elle allait suggérer à Jake de se cantonner à sa menuiserie quand le téléphone sonna.

Kelly se précipita pour répondre. C'était Mme Walsh. Immédiatement sur ses gardes, Kelly comprit qu'elle était censée être allée aux puces avec Brenda (Brenda aurait pu prévenir les copines) et s'en sortit à merveille.

– Tu me passes Brenda, s'il te plaît ? demanda alors Mme Walsh.

Après un instant d'hésitation, Kelly lâcha un bobard :

– Elle est partie il y a à peine cinq minutes. Elle est allée au bas de la rue faire quelques courses pour ce soir. Mais je lui dis de vous rappeler dès qu'elle rentre.

Mme Walsh sembla satisfaite. Aussitôt qu'elle eut raccroché, Kelly appela l'hôtel de Brenda. Un appel au Mexique allait sembler suspect sur la facture du téléphone, mais comment faire autrement ?

Brenda était toujours en colère mais elle s'était calmée et avait accepté de regagner le hall de l'hôtel et d'écouter le plaidoyer de Dylan. Qu'il plaide. Elle rendrait ensuite son verdict. Coupable, non coupable, restera, restera pas. Elle prendrait son temps pour délibérer. Après un acte aussi ignoble, une condamnation à quelques instants d'incertitude était bien trop clémente.

Dylan lui parla d'une petite cantina qu'il connaissait bien, l'endroit le plus romantique au monde, selon lui. Brenda ne se laisserait pas embobiner. Il avait sûrement dit la même chose à cette Stacy. Elle n'était pas assez bête pour tomber dans le panneau comme ces autres filles que Dylan avait dû amener à Baja.

Rosalita s'agitait autour d'eux. Elle faisait la

poussière, rangeait par-ci, par-là, et jetait des regards inquiets dans leur direction. Se sentait-elle coupable d'être à l'origine de la dispute ou surveillait-elle ses biens ? Avec les gringos, il fallait s'attendre à tout.

Lorsque le téléphone sonna, Brenda était à cent mille lieues de penser que ça pouvait être pour elle. Mais Rosalita lui fit signe qu'on la demandait. Brenda, inquiète, alla au comptoir et prit le combiné. Quel soulagement ! C'était Kelly.

– Ta mère vient d'appeler. Tu es allée chez le traiteur du coin de la rue. On mange chinois ce soir.

– O.K. Tu me sauves la vie. Je te revaudrai ça.

– Un peu, oui ! dit Kelly avant de raccrocher.

– Tout va bien ? s'enquérit Dylan.

– Tout va bien, répondit Brenda sèchement.

Quel culot, ce mec ! Par sa faute, elle avait dû regarder toute seule le coucher de soleil assise sur le capot de sa Porsche. Elle lui demanda les pièces de monnaie mexicaines. Il les lui donna sans empressement.

– J'espère que tu en auras assez ?

– T'inquiète pas. Je te rembourserai.

Elle composa le numéro de ses parents et pria pour que la communication se fasse sans couac. C'est sa mère qui répondit. Elle voulait parler du cadeau de mariage. Mais Brenda n'avait pas la moindre idée de ce qu'elle était censée avoir vu aux puces. Elle resta aussi vague que possible. Brenda aurait bien voulu écourter la conversation mais sa mère insistait :

– Et qu'est-ce que tu dis de verres ?
– C'est une super idée. C'est toujours utile.
– On parlera de tout ça demain, je suppose ?
– Super. Euh, oui, sûrement.
– Vous faites quelque chose de spécial ce soir ?

Sa mère ne cherchait pas à se mêler de ce qui ne la regardait pas. Elle voulait juste donner à sa fille une preuve d'affection. Cependant, la conversation s'éternisait. Brenda utilisa l'information du traiteur chinois et inventa une soirée tranquille à regarder des cassettes vidéo. Ça sembla satisfaire sa mère qui raccrocha, enfin. Brenda souffla. Elle resta là un instant, la main sur le combiné. Un problème de résolu. Au tour de Dylan maintenant.

Pendant ce temps, Dylan avait demandé une autre chambre. Ça calmera un peu Brenda, avait-il pensé. Si elle pouvait seulement l'ignorer jusqu'à la fin du séjour !

Ils prirent leurs bagages pour aller les déposer dans leurs chambres respectives. Dans l'escalier, Dylan ne put se retenir davantage :

– Tu seras bien obligée de sortir dîner. Et je crois pas que tu t'aventureras seule dans un des restaurants du coin.

– Et pourquoi pas ?
– Parce que.

Dylan semblait sûr de lui. Il avait certainement raison. Elle envisagerait donc de dîner en sa compagnie.

Kelly s'apprêtait à faire réchauffer des lasagnes au micro-ondes quand Jake entra dans la cuisine. Il avait remis sa chemise mais n'en était pas moins craquant pour autant. Il avait fini son travail de la journée et Kelly pensa qu'il serait poli de sa part de l'inviter à dîner. Jake accepta l'invitation. Pendant qu'elle sortait un autre surgelé du congélateur, il lui demanda ce qu'une fille sympa comme elle faisait toute seule chez elle un samedi soir.

Kelly mit les deux plats au micro-ondes et régla le minuteur. Sa solitude ne regardait qu'elle. Mais elle préféra ne pas répondre de peur que sa franchise ne le blesse. Elle lui dit plutôt :

– C'est parce que, en ce moment, je n'ai pas de petit ami.

– Surprenant.

– Et toi ? se hasarda Kelly.

– Aussi libre que l'air.

Ça ne semblait pas le déranger.

Ils parlaient de choses et d'autres quand une bonne odeur de sauce italienne se répandit dans la cuisine. Jake s'approcha de Kelly et dit :

– Mmm, ça sent bon.

– Ouais, j'adore les lasagnes.

– Non, je voulais dire... toi.

Le cœur de Kelly se mit soudain à battre la chamade. Avait elle été prudente de lui confier qu'elle n'avait pas de petit ami ? C'était un mec super ; beau, intelligent, adroit de ses mains, mais c'était tout ce qu'elle savait de lui mis à part le fait qu'il était assez vieux pour être diplômé, s'il était jamais allé en fac. Elle était à la fois fascinée et effrayée, c'était terriblement grisant.

Leur dîner en tête à tête était agréable mais Kelly était déçue par le tour qu'avait pris la conversation. Jake ne montrait qu'un intérêt amical pour la fille de sa patronne. Ils discutèrent cependant de l'éventualité d'ajouter une chambre d'enfant à la maison. Restait à Kelly à convaincre sa mère. Grâce à un projet d'une telle envergure, Jake resterait dans les parages pendant plusieurs mois au moins. Qui avait lancé l'idée de la chambre d'enfant ? Kelly ne s'en souvenait plus mais elle était ravie que Jake puisse rester encore quelques mois.

Puis Jake lui prédit que lorsque le bébé arriverait, elle dorloterait le mouflet comme tout le monde. Et il ajouta :

– Les cookies les plus durs finissent par s'émietter.

– C'est ça que tu penses que je suis, un cookie dur ?

– Ce n'est pas ce que tu veux que les autres pensent de toi ?

Bien sûr, à l'époque où elle traînait dans les soirées, elle avait donné d'elle l'image d'une fille que rien ni personne ne pouvait toucher. Mais depuis, elle avait appris à avoir une meilleure opinion d'elle-même et il lui semblait avoir brisé la carapace qui cachait la vraie Kelly. Mais peut-être ne donnait-elle à voir qu'une partie de la vraie Kelly ? Et Jake aurait alors raison.

– Je ne me suis jamais véritablement posé la question, répondit-elle.

Heureusement, Jake n'arrivait pas à lire aussi profondément dans ses pensées qu'il le prétendait. Préférait-il le genre cookie dur ou cookie tendre ? Ils n'en étaient qu'au début de leur relation. Il était prématuré d'envisager un quelconque changement pour lui. Pourtant, elle aurait bien aimé savoir.

Quelqu'un sonnait à la porte. Kelly alla ouvrir. C'était Steve Sanders. Elle n'aurait pas su dire pourquoi mais elle se sentit gênée, comme si on l'avait surprise à faire quelque chose de très personnel ou de répréhensible.

10

Et le cookie s'émiette

La nervosité se lisait sur le visage de Kelly. Steve dit qu'il passait en voiture dans le quartier, qu'il avait vu de la lumière et qu'il avait décidé de passer la saluer. Kelly le crut. Mais ça n'en avait pas rendu la situation plus facile.

Elle essaya de se débarrasser de lui en prétextant la fatigue. En soi ce n'était pas faux mais elle n'avait ressenti la fatigue qu'après s'être levée de table pour aller ouvrir. Steve ne voulait pas comprendre. C'était tout lui. C'était d'ailleurs une des raisons pour lesquelles Kelly avait rompu. Steve se raidit ; il venait d'apercevoir Jake. Kelly ne souhaitait pas blesser Steve mais elle s'en voulait de se sentir coupable parce que Jake était là.

– On travaille tard, à ce que je vois, dit Steve.

– La journée a été longue. J'ai préparé à manger pour Jake.

– Boîte ou surgelé ?

Kelly cherchait les mots qui ne blesseraient pas

Steve dans sa fierté masculine mal placée et qui lui feraient comprendre qu'il valait mieux qu'il s'en aille.

– J'ai compris, Kelly. Je suis pas le bienvenu.

Il s'en alla et Kelly se sentit obligée de l'appeler, de se justifier au sujet de Jake. En vain. Qu'aurait-elle pu lui dire ? Elle ne s'expliquait pas elle-même la présence de Jake. Lorsque la voiture de Steve disparut dans la nuit, elle referma la porte et se retourna vers Jake.

– Je suis sortie avec Steve, à une époque.

Ils regardaient tous les deux la porte comme on regarde une image au mur.

– Il semble encore tenir à toi.

Il n'avait pas dit ça sur le ton de la simple constatation.

Kelly se fichait éperdument que Jake sache, pour elle et Steve. C'était peut-être mieux ainsi.

– Je suppose, oui, dit-elle.

– Et toi ? C'est fini pour toi ?

– Fini.

Jake se pencha vers elle. Kelly sentit son corps s'électriser. Il émanait de Jake une force naturelle. On aurait dit un volcan en éruption. Il l'embrassa doucement sur la bouche puis son baiser se fit passionné. Elle y répondit avec un enthousiasme qui la surprit elle-même.

Lorsque enfin il s'écarta, elle resta sans voix.

– Je pense que je ferais mieux de m'en aller, dit Jake.

– Je le pense aussi, dit Kelly à regret.

Il l'embrassa une nouvelle fois, sur la joue, puis

il partit. Kelly sentait qu'elle tombait amoureuse. C'était tout nouveau pour elle. Elle n'avait jamais aimé, pas même Steve, bien qu'elle fût très proche de lui. Mais elle désirait Jake d'une façon qu'elle n'avait jamais ressentie jusqu'ici.

Lorsque Mel ramena Jackie de leur cours Lamaze, sur l'accouchement sans douleur, pensées et sentiments se télescopaient dans la tête de Kelly. La cause de cette confusion cérébrale : Jake. Peut-être qu'elle n'était pas amoureuse de lui, mais elle pensait l'être, et ça suffisait à son bonheur. Et lui, s'imaginait-il être amoureux d'elle ? Sûrement. Elle s'en assurerait le plus tôt possible.

Comme d'hab, Mel avait trouvé le cours Lamaze très intéressant. Il avait appris de nouveaux trucs sur la naissance. Comme d'hab, ça avait « gonflé » Jackie.

– Ecoute, Mel. Je suis déjà passée par là. Je n'ai pas besoin de leçons pour faire un bébé. Regarde Kelly, je ne l'ai pas réussie ?

Kelly se mit à rire et tourna sur elle-même.

– Tu vois, parfaite, dans tous les sens du terme.

Jackie semblait contente, bien que surprise, de la bonne humeur de Kelly. Kelly se sentait mieux, en effet, depuis sa rencontre avec Jake, mais elle ne pensait pas que ça puisse se remarquer. Jackie était si contente qu'elle voulut embrasser Kelly.

Kelly était heureuse de répondre à cet élan affectif et bientôt ils se retrouvèrent tous les trois à s'embrasser. Soudain, Kelly eut un mouvement de recul.

– Qu'est-ce qu'il y a ? demanda Jackie.

– J'ai senti quelque chose !

– Tu veux dire les coups de pied du bébé ?

– C'était ça ?

Kelly posa sa main sur le ventre de sa mère et sentit la vie qui bougeait à l'intérieur. Elle se laissa alors submerger par une vague de tendresse qui eut raison d'elle : elle ne pouvait pas s'empêcher de sourire. Jake avait peut-être raison. Le cookie s'émiettait enfin.

La voiture filait dans la nuit. Steve ne pensait à rien d'autre qu'à Kelly et à Jake. A une époque, qui n'était pas si lointaine, il aurait pu sonner chez Kelly sans prévenir, il aurait toujours été le bienvenu. Or là, elle ne l'avait même pas invité à entrer. Quelque chose n'allait pas. Et ce quelque chose, c'était Jake.

Bien sûr, lui et Kelly ne formaient plus un couple, au sens officiel du terme, mais Steve se sentait toujours responsable d'elle. Kelly disait qu'il se mêlait de ce qui ne le regardait pas Mais s'il ne s'occupait pas d'elle, qui le ferait ? Il se souvint de l'incident du Noël précédent.

Et voilà que ce Jake faisait son apparition. C'était l'ami de Dylan. O.K., monsieur débarque en ville et joue le grand jeu à Kelly. O.K., elle en valait la peine. Mais Dylan lui avait dit que Jake était plutôt du genre à cueillir la rose tout en effeuillant la marguerite. Si son intention était de respecter Kelly, O.K. Mais s'il devait la faire souffrir...

Steve était dans une rage folle. Il avait certains besoins à assouvir. Il alla donc au seul endroit où il trouverait ce sur quoi passer sa colère. Il entra au *Peach Pit* et commanda un double milk-shake au moka. Brandon était de service. Il fixa Steve du regard tout en préparant le milk-shake.

Brandon lui apporta sa commande.

– Tu as un problème, Steve ? demanda-t-il.

– Hein ?

– Un double milk-shake au moka. Tu m'inquiètes.

Steve se mit à siroter son breuvage. C'était bon mais il ne se sentait pas mieux pour autant.

– Ouais, c'est Kelly et ce mec, Jake.

Brandon acquiesça de la tête.

– J'ai bien peur qu'il ne cherche qu'à passer un bon moment avec elle avant de la plaquer.

– Et si c'est le cas, à ton avis, Kelly viendra pleurer sur quelle épaule ? Attends, et tu verras.

Pendant un court instant, l'idée d'être le consolateur de Kelly plut à Steve. Puis il s'emporta :

– Je sens que je vais faire un massacre.

– Bonne réaction. Il est grand temps que tu oublies Kelly et que tu ailles voir ailleurs.

– J'peux pas, Brandon.

– Mais pourquoi ?

– Je l'aime toujours, la garce.

Brandon sembla réfléchir à la dernière phrase de Steve et il dit :

– Je t'apporte un autre milk-shake.
– Merci, dit Steve, des trémolos dans la voix.

Brenda avait beau faire, elle n'arrivait pas à rester de mauvaise humeur. Dylan avait réussi à la persuader de quitter sa chambre. Elle mourait de faim et si Dylan avait raison (une femme non accompagnée était la proie rêvée pour tout membre de la gent masculine en mal de romantisme), elle ne se hasarderait pas à sortir dîner toute seule.

Dehors, la nuit tombait. Ils longèrent une route mal pavée. Ils marchaient côte à côte sans se tenir la main. L'air était chargé du parfum enivrant des fleurs fraîchement écloses. Face à eux, l'océan achevait sa course contre les rochers en une explosion d'écume. Branda et Dylan croisaient des autochtones qui, immanquablement, leur disaient bonjour de la tête et leur souriaient. C'était si romantique. Branda avait du mal à rester en colère. Elle sentait qu'elle fléchissait. Sa main avait frôlé celle de Dylan et elle avait failli la prendre, machinalement. Mais elle s'était ressaisie à temps. Elle s'était juré de ne jamais lui pardonner son écart avec cette Stacy.

Dylan avait décidé de l'emmener dans un restaurant où l'on pouvait également danser : *El Mucho Gusto*. Le genre d'endroit où, aux Etats-Unis, on vous aurait demandé une pièce d'identité.

L'ambiance y était très gaie. Avant même d'entrer, des effluves d'odeurs épicées avaient taquiné leurs narines. Des guirlandes de lanternes en papier traversaient une cour où, sur une petite piste de danse, des couples se déhanchaient sur des rythmes effrénés de musique latino-américaine que jouait un trio de *mariachis*. Des tables maltraitées par le temps étaient disposées tout autour de la piste. Une petite bougie rouge brillait au centre de chacune d'entre elles. C'était si charmant que Brenda oublia sa colère et sourit.

Le garçon ne parlait pas anglais ou faisait-il semblant de ne pas le parler ? Brenda dut donc laisser Dylan passer la commande. Elle aurait bien voulu battre le tempo du doigt sur la table. Mais elle s'y refusa. Elle essayait de cacher son enthousiasme. Ils furent bientôt servis. C'était délicieux. Ce que Brenda avait eu l'occasion de goûter à Los Angeles n'était qu'une fade imitation de la vraie cuisine mexicaine.

Brenda et Dylan ne parlaient pas. Ils se regardaient à peine. Lorsque Dylan eut bientôt terminé son *enchilada*, il finit par dire :

– J'y crois pas, Bren. On est tous les deux tout seuls dans un des endroits les plus romantiques au monde. Une superbe plage baignée de la lumière de la lune est à deux pas. Et tu insistes pour mettre entre nous cette gonzesse que ni toi ni moi ne reverrons jamais !

– Elle s'appelle Stacy, au cas où tu aurais oublié.

– Je ne risque pas de l'oublier si tu me le rappelles toutes les cinq secondes.

– Je ne sais pas ce qui te prend, Dylan. Je m'amuse comme une folle.

Elle rassembla avec la cuillère ce qui restait de riz dans son assiette et lui sourit tout en mâchant. C'était sa faute à lui si tout avait raté. Pas la sienne.

Le trio avait fini de jouer. Les couples regagnèrent leurs places. Les musiciens s'approchèrent des tables. L'homme qui se tenait au milieu portait une grosse guitare. Il prit la mesure de chaque table et alors seulement fit signe de la tête aux autres musiciens et commença à chanter. Il chantait des chansons romantiques en espagnol. Sa voix était si limpide, c'était si beau, que Brenda en eut les larmes aux yeux.

Sa gêne n'en fut que plus grande quand les *mariachis* se rapprochèrent de leur table. Mais Brenda se ressaisit. L'amour, c'était bien là la dernière chose dont elle voulait entendre parler. Apparemment Dylan semblait aussi gêné qu'elle car il ne savait pas où porter son regard.

Les *mariachis* s'approchèrent. Ils soulevèrent leur énorme chapeau. Dylan et Brenda firent un signe de tête en réponse à leur salut. L'homme du milieu sourit et demanda :

– Gringos ?

– Si, répondit Dylan, euh, oui, si.

Brenda était assez contente que Dylan soit moins sûr de lui qu'il ne voulait le laisser paraître.

L'homme fit signe à ses camarades et ils se mirent à chanter *Feelings* en anglais. En anglais écorché. La situation était ridicule. Ils faisaient de leur mieux pour que les deux *muchachos* gardent un souvenir inoubliable de leur séjour au Mexique. Mais ils ne pouvaient pas savoir que la chanson qu'ils chantaient avait été utilisée un nombre incalculable de fois par les gringos dans des spots publicitaires et qu'elle était devenue une parodie larmoyante d'elle-même. C'était un supplice. Brenda se serait cru au karaoké du *Peach Pit*.

Elle parvint à retenir son fou rire jusqu'à ce que les musiciens se déplacent vers une autre table. Lorsqu'ils eurent commencé une nouvelle chanson, Dylan et Brenda éclatèrent de rire simultanément. Heureusement, les *mariachis* ne les avaient pas entendus.

Brenda redevint brusquement sérieuse. Elle avait honte. Comment avait-elle pu s'emporter ainsi ? Dylan était quelqu'un de vraiment super et elle l'adorait. Et si son aventure avec Stacy avait signifié quelque chose pour lui, c'était désormais de l'histoire ancienne. Comment avait-elle pu lui en vouloir quand elle s'était elle-même entichée de ce prof l'année précédente ?

– Oh ! Dylan, je suis vraiment désolée !

– Moi aussi.

Ils trinquèrent et burent à un week-end inoubliable au Mexique.

Ils avaient terminé leur repas et étaient sur le point de partir quand un petit groupe de musiciens se retrouva sous la lumière des projecteurs. Ils entonnèrent une salsa et rapidement la piste se remplit. Brenda se leva et entraîna Dylan vers la piste où elle commença à se trémousser.

Dylan était raide comme un piquet. Brandon aurait été tout aussi intimidé en pareille situation. Mais petit à petit, il se laissa aller. Ils ne formaient pas le couple le plus doué mais leur enthousiasme faisait plaisir à voir.

Tard dans la nuit, ils rentrèrent à l'hôtel, bras dessus, bras dessous, cette fois-ci. Ils s'arrêtèrent face à l'océan et pendant quelques instants, ils regardèrent les vagues qui venaient s'échouer sur la plage. Dylan dit qu'elles étaient belles mais qu'elles seraient encores plus belles le lendemain matin.

Brenda n'avait toujours pas une envie folle de faire du surf mais comme elle savait qu'elle n'y échapperait pas, elle se mit à écouter attentivement Dylan. Il était si brillant, il savait tant de choses. Elle l'aimait si fort.

Ils dirent au veilleur de nuit qu'ils n'avaient plus besoin de deux clefs. Ils montèrent à l'étage et Brenda, soulagée, ouvrit la porte de sa chambre.

La soirée se déroula comme Brenda l'avait rêvée. Elle s'endormit quelques heures plus tard dans les bras de Dylan.

De bon matin, Dylan la réveilla de petites secousses. Où était-elle ? En voyant Dylan et leur petite chambre modeste, elle se souvint de la journée et du soir précédents. Quelle gamine elle avait fait ! Pourquoi avait-elle été jalouse d'une fille que Dylan n'avait pas revue depuis un an ?

Ils enfilèrent leur combinaison et se rendirent sur la plage avec leurs planches. L'air était frais mais pas froid, même à cette heure matinale. Brenda se hasarda à tremper le bout des orteils. L'eau était froide mais, petit à petit, son corps s'habitua à la température et, très vite, elle se surprit à batifoler dans les vagues. L'air et l'eau étaient frais et purs. Baja, à la différence de Los Angeles et d'autres villes côtières, avait su protéger sa baie.

Dylan lui enseigna les rudiments du surf. Il mit l'accent sur les deux points essentiels : respecter l'océan et ne pas en avoir peur.

Brenda s'amusa plus qu'elle ne l'avait imaginé. Elle réussit même à rester quelques secondes sur sa planche. Dylan pouvait être fier d'elle. Le soleil était déjà haut dans le ciel quand elle pensa à demander l'heure à Dylan. Ce qu'elle regretta aussitôt car Dylan, après avoir jeté un coup d'œil à sa grosse montre étanche, lui dit qu'il était l'heure de reprendre la route.

– Il vaudrait mieux y aller avant que la Porsche ne se transforme en citrouille.

– On est vraiment obligés ? dit Brenda, déçue que sa première leçon de surf soit déjà terminée.

– A moins que tu ne veuilles expliquer à ton père pourquoi tu rentres si tard de chez Kelly.

– O.K. *Adios*, Mexico.

– Ouais, il est temps de rentrer au bercail.

Ils rentrèrent à l'hôtel, firent leurs bagages et payèrent la note. Rosalita avait perdu de son entrain et jetait des regards inquiets à Brenda. Enfin, elle dit :

– Je suis désolée de... de... de ce que j'ai dit.

Rosalita était ennuyée que Brenda et Dylan se soient disputés à cause d'elle. Brenda fit le tour du comptoir et alla l'embrasser. Elle lui dit que tout était arrangé et qu'ils avaient passé un super week-end.

Brenda et Dylan prirent la route en direction du nord. Peu de temps après ils arrivèrent à la frontière. Une queue de voitures s'était formée devant le poste des douanes. On demanda à Dylan de se garer sur le bas-côté de la route. Brenda commença à s'inquiéter mais Dylan la rassura :

– Cool, Bren. Ils arrêtent une voiture sur dix. La routine.

Un agent des douanes au physique impressionnant se dirigea vers eux. Il se montra très courtois. Dylan lui remit son permis et Brenda se voyait déjà reprendre la route quand le douanier lui demanda ses papiers.

– Pardon ? dit-elle.

– Je souhaiterais voir votre carte d'identité, ou votre passeport ou votre permis. Une pièce qui me prouve que vous êtes née aux Etats-Unis.

– Mais je n'ai rien de tout ça !

C'était une blague ou quoi ? Malheureusement, l'agent des douanes poursuivit :

– Eh bien, j'ai bien peur que nous ayons un petit problème.

Il ne semblait pas plaisanter.

– Elle est américaine autant que moi, intervint Dylan.

– Je n'en doute pas. Cependant, depuis l'application des nouvelles mesures en matière d'immigration, on nous a demandé de serrer la vis.

– Y a pas une possibilité d'interroger votre ordinateur ? Je peux vous donner mon numéro de Sécu, suggéra Brenda.

Il leur fallait rentrer à tout prix. Sinon son père exploserait et la déflagration s'entendrait à des milliers de kilomètres.

– Je voudrais bien vous aider, mademoiselle, mais n'importe qui pourrait me donner votre numéro de Sécurité sociale et se faire passer pour vous.

– Vous voyez une autre solution ? demanda Dylan.

– Vous avez quel âge ? demanda-t-il à Brenda.

– Dix-sept ans.

Quelle différence cela faisait-il ?

– Tout s'arrange. On appelle vos parents.

Rien ne s'arrangeait, au contraire. C'était la bombe qu'on venait d'amorcer.

– Vous ne pouvez pas faire ça ! s'écria Brenda.

L'agent des douanes plissa les yeux. Il y avait anguille sous roche ?

– Pourquoi ? demanda-t-il, tout en posant la main sur son revolver.

Angoisse.

– Parce que notre voyage au Mexique est un secret.

– Je suis désolé mais je ne peux rien faire. Il

faut que le tuteur légal de la demoiselle nous apporte son certificat de naissance. A défaut, il doit faire une déclaration par écrit sous serment selon laquelle la jeune fille est bien américaine. Si elle est américaine, bien entendu.

Quel cauchemar ! Brenda aurait bien aimé se réveiller en sursaut dans son lit. Qui l'eût cru ? C'était le gouvernement américain qui allait les livrer à son père.

– Bien sûr que je suis américaine, s'insurgea-t-elle. Et si vous appelez mes parents, je suis une Américaine morte. Qu'est-ce qu'on va faire, Dylan ?

Dylan haussa les épaules.

– Tu as entendu ce qu'a dit le monsieur. On appelle tes parents.

Fichue ! Elle était fichue ! Pendant un instant de folie, elle envisagea de rester au Mexique. Elle apprendrait l'espagnol et elle aiderait Rosalita à l'hôtel. Mais fallait pas se leurrer. D'accord, elle était fichue mais elle était encore en vie. Même si sa vie, qui ne tenait plus qu'à un fil, risquait d'être changée à tout jamais.

11

La descente aux enfers

Brenda et Dylan attendirent pendant quatre heures dans une salle de détention qui, heureusement, n'avait rien d'une cellule. Il y avait même une salle d'eau. Mais il y avait du grillage aux fenêtres, les murs étaient couleur vert dollar (une couleur que Brenda n'aimait déjà pas avant) et la porte ne s'ouvrait que de l'extérieur.

Brenda n'arrêtait pas de baragouiner qu'elle avait été stupide de ne pas prendre son permis de conduire. Dylan aurait bien voulu qu'elle se calme et elle était elle-même fatiguée de sa diatribe mais il n'y avait rien à faire. C'était la première fois de sa vie qu'elle s'angoissait autant pour son avenir.

Son père ne la frapperait pas. Ce n'était pas son genre. Mais il hurlerait et lui donnerait mauvaise conscience. Et puis, il supprimerait tous les privilèges dont elle avait joui jusqu'ici. Chaque jour après les cours, il lui faudrait prendre le voile. L'enfer. Dylan essaya de la convaincre qu'ils avaient passé des moments merveilleux. Certes, pensait Brenda, mais à quel prix ! Ses parents allaient la tuer deux fois. Une fois pour être allée au Mexique. Une seconde fois pour leur avoir menti. Et puis Brandon la tuerait aussi. Et Kelly aussi. Il ne lui resterait pas assez de vies pour s'en tirer vivante. Quelle idiote, bon sang, quelle idiote ! Elle n'allait avoir que ce qu'elle méritait.

Les heures traînaient. Son père, pourtant, arriverait bien assez tôt.

Dylan essayait de la réconforter. C'était peine perdue mais il essayait quand même. Ils s'embrassaient tendrement quand Brenda entendit son père dire :

– Bonjour, Brenda.

Il ne paraissait pas en colère. Juste fatigué et écœuré. C'était d'autant plus effrayant.

– Je peux vous expliquer, monsieur Walsh.

– On y va, Brenda, dit-il.

Ils étaient sur l'autoroute. Brenda s'était assise devant, à la place du mort. Elle attendait avec impatience que son père se décide enfin à parler. L'attente était interminable, plus angoissante que le sermon qui s'ensuivrait. Brenda imaginait les pires punitions tout en espérant qu'elles ne viendraient pas à l'esprit de ses parents. Son père était concentré au volant. La circulation était pourtant fluide. Ils ne prononcèrent pas un mot pendant tout le voyage.

Lorsqu'ils arrivèrent à la maison, la voiture de

Dylan était garée dans l'allée. Il les avait certainement doublés sur l'autoroute mais Brenda ne s'en était pas aperçue. M. Walsh aida Brenda avec ses bagages.

Dylan était assis à la table de la salle à manger. Il était seul. Il les regarda avec des yeux de chien battu. Puis il baissa la tête et fixa ses mains. Il ne dit rien. Des bruits métalliques provenaient de la cuisine. Mme Walsh devait être aussi énervée que son mari. Elle préparait le dîner et en profitait pour passer sa colère sur les poêles et les casseroles.

– Assieds-toi, Brenda, lui dit son père.

– Papa, je...

– Assieds-toi, Brenda, répéta-t-il.

Brenda s'assit à un bout de la table. Elle aurait voulu pouvoir serrer Dylan contre elle ou lui prendre la main et lui dire que tout allait bien se passer, mais ce n'était ni l'heure ni le lieu.

Mme Walsh entra, les traits tirés. Elle se tint derrière son mari, les bras croisés. M. Walsh se mit à arpenter la salle de séjour puis il dit enfin :

– Ce que vous avez fait est inexcusable.

Dylan dit alors :

– Monsieur Walsh, je suis entièrement responsable de ce qui s'est passé.

– Entièrement blâmable, oui.

La porte de derrière claqua. C'était Brandon qui rentrait.

– C'est moi ! cria-t-il.

Il entra dans la salle de séjour. Lorsqu'il vit ce qui se passait, il eut un mouvement de recul. Il jeta un regard inquiet à l'assemblée. Il avait menti à ses parents pour Brenda. Il était en aussi mauvaise posture qu'elle. Il haussa les épaules comme pour dire : « Tu vois, je te l'avais bien dit, tout se sait tôt ou tard. » Mais personne ne sembla remarquer sa présence.

– En tant que mineur émancipé, tu peux bien faire ce dont tu as envie, dit M. Walsh à Dylan. Mais il se trouve que Brenda a des parents. Et lorsque ses parents disent « non », c'est « non ». Est-ce que je me fais bien comprendre ?

– Oui, monsieur, répondit Dylan sans lever les yeux.

C'était pire que tout ce que Brenda avait imaginé. Elle avait cru dur comme fer que ses parents allaient s'en prendre à elle. Mais c'était Dylan qu'ils accusaient. Ça ne semblait pas le déranger, au contraire. Or ils savaient, aussi bien l'un que l'autre, qu'il n'y était pour rien. Brenda restait muette.

Son père poursuivait :

– Nous t'avons ouvert notre cœur et notre maison, Dylan. Nous te faisions confiance. Tu nous déçois beaucoup. Je ne sais pas si, ni moi ni la mère de Brenda, arriverons un jour à te pardonner.

Brenda n'y tint plus :

– Papa, c'est ma faute aussi !

– Fais-moi confiance, Brenda, ton tour viendra.

M. Walsh fixa Brandon. Son tour viendrait à

lui aussi, pensa Brenda. Son père secoua la tête comme un vieil ours avant d'ajouter :

– L'autre soir, tu m'as dit que tu ne m'avais jamais déçu, Brenda. Tu crois qu'en nous mentant à ta mère et à moi, tu ne nous déçois pas ?

– Si.

– Et toi, Brandon, tu étais dans le coup aussi ?

Brandon ne dit rien. Mais qui ne dit mot consent. Il regardait Brenda fixement. Elle se recroquevilla et ne put pas soutenir son regard.

M. Walsh rompit alors le silence et dit :

– C'est bien ce que je pensais.

Mme Walsh parla enfin :

– Il m'a dit que tu étais allée avec Kelly au marché aux puces pour acheter un cadeau de mariage. C'est ce que m'a confirmé Kelly quand je l'ai appelée. Kelly était aussi de mèche ? Tu t'es bien fichue de moi !

Mme Walsh semblait excédée. Elle en voulait à Brenda, et s'en voulait peut-être aussi.

– Non, maman, je te jure que non.

Mme Walsh partit dans la cuisine, déterminée à s'occuper d'autre chose que du repas du soir. Que pouvait-il arriver de pire ? pensa Brenda.

– Maman, où tu vas ? demanda-t-elle.

– Je vais appeler Jackie Taylor. Je pense qu'elle trouvera intéressant ce que j'ai à lui dire.

– Ne fais pas ça, s'il te plaît. Kelly ne cherchait qu'à me rendre service.

Mme Walsh jeta un dernier regard compatissant à sa fille et partit à la cuisine en passant devant Brandon qui fut prié par son père de sortir de la pièce. M. Walsh n'en avait pas fini avec Dylan et Brenda. Brandon parut soulagé et quand il passa à côté de Brenda, il lui fredonna à l'oreille : « Mexicoooo ! »

– Rira bien qui rira le dernier, lui dit son père d'une voix menaçante. Tu viendras me voir quand j'en aurai fini avec ta sœur.

Quand Brandon fut sorti, M. Walsh poursuivit :

– Cette relation est allée trop loin, j'en ai bien peur. Je crois qu'il est grand temps qu'on y mette un frein.

Brenda se sentait coupable d'avoir menti à ses parents. Elle s'était fait prendre la main dans le sac. Tant pis pour elle. Elle avait mal agi, bon, mais qu'est-ce que sa relation avec Dylan avait à voir dans cette histoire ? Son père allait trop loin, oui. Désespérée, elle lança :

– Papa, tu n'es pas maître de nos sentiments.

– Tu as peut-être raison sur ce point, Brenda. Mais je suis maître chez moi, et c'est moi qui décide qui est, ici, le bienvenu.

Pendant un court instant, Brenda et son père échangèrent un regard qui en dit long. La vie de Brenda volait en éclats devant ses yeux. Elle était désemparée.

Dylan se leva. Il estimait préférable de s'en aller. Il embrassa Brenda sur la joue, un geste courageux après tout ce que M. Walsh venait de dire. Le vrombissement du moteur de sa voiture se fit entendre puis s'évanouit dans le lointain.

Interloquée par l'injustice que son père venait de commettre, Brenda se révolta :

– Si tu veux me punir, te gêne pas. Mais ne jette pas la pierre à Dylan. Avant qu'on arrive au Mexique, il n'était pas au courant que j'avais...

Le mot était si moche qu'elle n'osait pas poursuivre.

– Que tu avais... menti à tes parents. C'est bien ça que tu voulais dire, Brenda ?

– Si vous m'aviez laissée partir, je n'aurais pas eu à mentir.

– Brenda, s'il te plaît, un peu de respect pour notre intelligence à tous les deux. Tu ferais mieux d'aller défaire tes bagages. Le repas sera bientôt prêt.

– Je n'ai pas faim.

– Je crois qu'aucun d'entre nous n'a beaucoup d'appétit ce soir. Mais jusqu'à preuve du contraire, tu restes ma fille et je reste ton père et nous restons une famille. Nous prendrons notre repas ensemble, comme d'habitude.

La voix de M. Walsh s'était adoucie. Mais ça ne voulait pas dire que Brenda était pardonnée. Quand donc tout redeviendrait-il normal ?

Quelle était la raison du changement d'attitude de Kelly ? Sa rencontre avec Jake, bien sûr. Mais on se fichait bien de savoir pourquoi, du moment qu'elle était aimable.

Elle laissa sa mère revoir quelques détails de dernière minute avec les organisateurs du mariage. Dans le jardin, Jake finissait de peindre le belvédère. Il semblait vouloir faire une pause et lui accorder quelques instants d'attention. Ils s'embrassèrent. Et Kelly ressentit un frisson comme à chaque fois qu'il l'embrassait.

Elle n'avait jamais rencontré un garçon comme Jake. Elle sentait qu'avec lui, elle pourrait être elle-même. Peut-être parce qu'il était plus âgé que tous les garçons qu'elle avait fréquentés jusqu'ici. Mais l'âge n'expliquait pas tout. Jake était zen.

Ils furent interrompus par l'arrivée tonitruante de Mme Taylor, qu'un coup de téléphone de la mère de Brenda avait mise dans tous ses états. Sans faire cas de la présence de Jake, elle dit à Kelly :

– C'est vrai que tu as dit à Mme Walsh que Brenda passait le week-end à la maison alors que tu savais pertinemment qu'elle était au Mexique avec Dylan ?

La question paralysa Kelly. Brenda avait dû se faire piquer. Fini de jouer. Dans quel pétrin Brenda s'était-elle fourrée ? Sa mère semblait excédée. Sa mère était excédée pour un rien depuis quelque temps. Le stress du mariage.

L'ennui, c'était que Mme Taylor avait posé sa question devant Jake, qui continuait de peindre le belvédère comme si Kelly et sa mère étaient deux moineaux qui avaient une prise de bec. Kelly s'était efforcée de paraître mûre devant Jake et maintenant sa mère la traitait comme une collégienne.

Kelly fit celle qui prenait tout ça avec beaucoup de désinvolture.

– Y a pas de quoi en faire tout un plat, maman. J'ai juste essayé de rendre service à une amie.

– Je me fiche de savoir qu'il faille ou pas en faire un plat, comme tu dis. Je veux que tu appelles Mme Walsh et que tu lui présentes tes excuses. Et tu vas me faire le plaisir de l'appeler tout de suite.

– O.K., j'y vais.

Elle jeta un regard à Jake. Il ne semblait pas remarquer à quel point elle était vexée. Elle se promit de lui parler plus tard.

Elle appela Mme Walsh qui l'informa que Brenda venait de perdre ses privilèges sur le téléphone. Désormais, seuls les devoirs scolaires ou un état d'urgence motiveraient une autorisation d'utilisation de l'appareil téléphonique. Kelly pria Mme Walsh de l'excuser. Celle-ci se montra charitable et lui pardonna. Mais elle resta très distante avec Kelly. Ça ne devait pas plaisanter chez les Walsh.

Kelly avait, quant à elle, du mal à pardonner à Brenda. Elle n'avait peut-être pas balancé ses amis mais si elle ne leur avait pas demandé de mentir pour la couvrir, on n'en serait pas à formuler des excuses. Il n'en restait pas moins qu'elle avait dû subir l'affront du sermon de sa mère en présence de Jake. Il avait fini de peindre le belvédère et attendait les nouvelles instructions de Mme Taylor. Si ça continuait comme ça, Jake allait penser qu'elle n'était qu'une sale gamine et ça, Kelly ne le supporterait pas.

Lorsque Kelly retrouva Brenda le lendemain matin au lycée, sa colère avait décuplé. Brenda eut beau expliquer qu'elle avait été arrêtée par la police frontalière (qui eût dit que la douane appartenait aux services de renseignements des Walsh), Kelly ne voulait rien entendre.

– Tu aurais pu au moins me prévenir. Ma mère m'a engueulée devant Jake.

– Jake ? L'homme à tout faire ? demanda Brenda, surprise. Qu'est-ce qu'il a à voir avec tout ça ?

Il était naturel que Brenda pose la question. Après tout, personne n'était au courant du tournant qu'avaient pris les relations entre Kelly et Jake. Bizarrement, Kelly estima que c'était mieux comme ça, du moins pour l'instant. C'était son secret à elle, un secret qu'elle ne voulait partager avec personne. Pas même avec sa meilleure amie. Elle prit l'air mystérieux et dit :

– J'ai mon jardin secret.

Elle fut cependant déçue que Brenda, trop préoccupée, ne cherche pas à en savoir plus.

– Eh bien moi, je n'en ai pas. Figure-toi que je ne suis plus autorisée à voir Dylan et j'ignore pour combien de temps encore.

– Tu veux dire qu'il ne viendra pas au mariage ?

Auquel cas, Kelly devait prévenir sa mère. Ils s'en tireraient avec une assiette de poulet en moins.

– Bien sûr qu'il vient ! s'exclama Brenda. Evitez de le placer à côté de mon père, c'est tout.

Kelly se demandait si sa mère accepterait que Jake assiste à la cérémonie. D'accord, on l'avait payé pour ce qu'il avait fait mais il avait participé plus que tout autre aux préparatifs du mariage. Par ailleurs, elle aurait besoin d'un cavalier et si elle menait bien son jeu, elle arriverait à convaincre sa mère que Jake ferait parfaitement l'affaire.

Brenda la soûla avec son récit de voyage au Mexique pendant toute la pause déjeuner. Elle avait nagé dans le bonheur, disait-elle. Quelle idiote elle avait été de ne pas prendre avec elle son permis de conduire. La barbe ! pensait Kelly.

Non, Brandon ne faisait pas des heures sup. Il préférait travailler au *Peach Pit* plutôt que de rester chez lui où l'air était devenu irrespirable. Son père et sa mère étaient les seuls à s'adresser la parole. Brenda, elle, restait cloîtrée dans sa chambre la plupart du temps. A dire vrai, il ne faisait pas, lui non plus, beaucoup d'efforts pour détendre l'atmosphère.

Brandon avait eu de la chance. Quand le glas avait sonné pour lui, son père, qui avait passé sa colère sur Brenda et Dylan, avait eu des remords. Brandon s'en tira avec un sermon sur le mensonge et la loyauté mal placée. Certes, Brandon avait désapprouvé la conduite de sa sœur et de Dylan, mais, selon lui, il n'avait pas besoin des conseils de son père pour accorder sa loyauté à ceux qu'il jugeait dignes de confiance.

Dans un coin du *Peach Pit*, Steve et David s'étaient lancés dans une conversation passionnée. Steve voulait savoir s'il y aurait de bons coups au mariage.

– Je ne sais pas, disait David. Du côté de mon père, la plupart de mes cousines sont plus âgées.

– J'ai rien contre les femmes mûres, fit remarquer Steve qui avait en tête Jane Fonda et Catherine Deneuve.

– Mûres n'est peut-être pas le mot. Je dirais plutôt gâteuses. Enfin, le genre moustaches et poils aux pattes.

Steve était très déçu. Mais David poursuivit :

– Les nanas baisables sont du côté de Kelly. J'ai vu des photos. Je te raconte pas. J'entre par les voies sacrées du mariage dans le sein d'une dynastie de créatures belles à tomber par terre.

Steve voulait des détails que Brandon était curieux d'entendre mais Nat l'appelait à la caisse.

– Je voulais offrir une douzaine de tartes aux pêches à Jackie Taylor. Elle n'en veut pas, dit-il, peiné, en secouant la tête.

Avec Nat, Brandon ne savait jamais si c'était du lard ou du cochon.

– Elle a certainement déjà prévu les desserts, dit Brandon qui se voulait réconfortant.

– Je ne comprends pas, poursuivit Nat. Un mariage, c'est la fête, des gens qui dansent, des enfants qui courent dans le jardin, et la bouffe faite maison. C'est pas un truc coincé où on reste le cul collé à la chaise à bouffer des canapés. Qu'est-ce qu'elle a contre mes tartes aux pêches ?

Que Jackie Taylor ne veuille pas des tartes de Nat, c'était ses oignons, pensa Brandon qui détestait les pompes tout autant que Nat. Notez, l'idée des tartes aux pêches au dessert n'était pas du meilleur goût mais il n'y avait pas de quoi faire la fine bouche.

Nat retourna dans sa cuisine et Brandon alla passer un coup d'éponge à la table de ses amis. A en croire David, les cousines de Kelly, les sœurs Magill, étaient de supercanons. De quoi mettre Steve dans tous ses états. « Vivement samedi », pensa Brandon.

Dylan entra et s'assit au comptoir. Il examina le menu. Bizarre, Nat n'avait pas changé son menu depuis une éternité ; Dylan aurait dû le connaître par cœur. Il avait l'air du type qui agit de son mieux pour faire face à l'absurdité de l'existence. Brandon s'approcha pour prendre sa commande.

– Alors, comment ça va au foyer Walsh pour jeunes filles modèles ? ironisa Dylan.

– C'est calme, mortellement calme, si tu vois ce que je veux dire, répondit Brandon.

– Je suis vraiment désolé pour tout ce qui s'est passé, poursuivit Dylan.

Brandon pensa que c'était un peu tard pour des excuses.

– Garde tes excuses et ne me demande plus de mentir pour toi.

– C'est Brenda qui te l'a demandé, pas moi.

Dylan n'avait pas tort. Mais le mensonge n'était que la partie émergée de l'iceberg.

– Tu savais que mes parents n'étaient pas chauds pour vous laisser aller au Mexique ensemble.

– Je suppose que tu ne désobéis jamais à tes parents.

– C'est différent.

Dylan posa le menu et eut un sourire. Un rictus, plutôt. Brandon s'imagina que Dylan se moquait de lui.

– En quoi c'est différent, Brandon ? Explique-moi. Parce que c'est Brenda. Vous les Walsh, et ton père plus particulièrement, vous jouez à l'autruche dès lors qu'on en vient à aborder mes relations avec Brenda.

– Tu as peut-être raison. Papa essaie peut-être de nier vos sentiments parce que pour lui Brenda est toujours sa petite fille chérie et il n'a pas envie que ça change. Mais tu ne lui rends pas la chose facile. Tu n'arrêtes pas de le provoquer.

Brandon avait semé le doute dans l'esprit de Dylan. Personne ne détenait la vérité, ni M. Walsh ni Dylan. Ils étaient trop fiers pour ça. Brandon admettait avoir sa fierté. Mais il estimait en avoir le droit après tout ce qu'ils lui avaient fait endurer.

– D'accord, dis-moi les mots magiques qui me rouvriront les portes de la maison Walsh.

– Il n'y a pas de « Sésame, ouvre-toi », mon frère. En franchissant la frontière mexicaine tu as dépassé les bornes. Je te conseille de te faire petit, tout petit. Moins Jimbo te verra, mieux cela vaudra pour ton matricule.

– C'est exactement ce que ton père m'a dit. Je ne suis plus le bienvenu à la *casa* Walsh.

C'était vache mais c'était la meilleure solution. Brandon haussa les épaules et dit :

– J'en ai bien peur.

A la grande surprise de Brandon, Dylan se leva brusquement et dit avec colère :

– Eh bien, c'est exactement ce que je voulais t'entendre dire.

Dylan sortit précipitamment, ignorant les appels de Brandon. Il s'était apparemment mépris sur ses paroles. Ou bien avait voulu se méprendre. Il était tellement en colère contre les Walsh.

Brandon avait pourtant l'impression d'avoir été honnête avec son meilleur ami. Il ne lui avait pas caché la vérité. Il n'avait donc pas à se sentir coupable s'il l'avait blessé.

12

Purgatoire

La période de purgatoire s'éternisait. Brenda avait pensé qu'après quelques jours, on tirerait un trait sur toute cette histoire. Mais non, ses parents ne cédaient pas d'un pouce. Une ou deux fois, sa mère avait été sur le point d'entamer une vraie conversation avec elle mais son père ne lui avait pas adressé la parole, à l'exception de « Passe-moi le sel », depuis le fameux sermon de leur retour du Mexique.

Brandon ne lui parlait pas non plus. Ils continuaient à aller au bahut en voiture mais n'ouvraient pas la bouche de tout le trajet. Brandon, son frère jumeau, ne s'était pas montré du tout solidaire et compatissant. Brenda ne supportait plus ce silence.

Sur le chemin du lycée, Brandon s'arrêta à un feu rouge. Brenda en profita pour lui demander :

– Combien de temps cette plaisanterie va

durer ? Comment leur prouver que je suis responsable s'ils ne m'en donnent pas l'occasion ?

Le regard méprisant que lui jeta Brandon laissait à penser qu'il avait décidé de ne plus lui adresser la parole. Elle ne supporterait plus longtemps cette solitude qui allait la rendre folle.

– Je suppose qu'ils estiment qu'ils t'ont déjà donné ta chance, finit par répondre Brandon. Ils t'interdisent d'aller au Mexique et toi, qu'est-ce que tu fais ? Tu leur désobéis *illico*.

– Je ne pouvais pas prévoir que je me ferais prendre.

– Belle mentalité ! Tout va bien tant qu'on se fait pas prendre.

« Mais quand les gens arrêteraient-ils d'interpréter mes paroles ? » pensa Brenda qui secoua la tête avec incrédulité.

Brandon continua :

– Tu vis ta vie, Brenda, mais je ne veux pas porter le chapeau pour un truc à la gomme.

Tous les amis de Brenda lui tournaient le dos. Il était peut-être temps de calmer le jeu et de se comporter en adulte responsable. Cela ne servirait peut-être à rien mais au moins elle aurait essayé.

– Alors, ô grand sage, que me conseillez-vous de faire ?

– Ce que j'ai déjà conseillé à Speedy Gonzales. Profil bas. Les parents finiront par lâcher la pression.

Brenda était certaine que son frère se trompait. Se tenir à carreau ne changerait rien et elle en avait assez de cette situation. Mais elle n'allait pas polémiquer avec Brandon, ça n'en valait pas la peine, d'autant qu'elle partait perdante. Elle crevait d'envie d'entendre une voix humaine.

C'était un soulagement d'aller au bahut : elle pouvait enfin voir Dylan entre les cours et à la pause déjeuner. Ses parents avaient eu la bonté de lui permettre d'assister à la répétition de la cérémonie du mariage qui avait lieu l'après-midi. Brenda suggéra à Dylan de l'y retrouver. Mais c'était bien un mec ; il pouvait être aussi têtu que son père.

– Je vois pas l'intérêt d'aller à la répète d'un mariage auquel je ne vais pas.

La surprise se lut sur le visage de Brenda. Dylan ajouta :

– Ton père y sera, Bren. Lui, son sale caractère et ses principes. Je ne vais pas là où je ne suis pas le bienvenu.

– C'est pas vrai, je rêve ! s'exclama Brenda. Si tu n'y vas pas, moi non plus.

Dylan la prit dans ses bras et lui murmura à l'oreille :

– Tu dois y aller, Bren, sinon tu t'en voudras toute ta vie. Kelly est ta meilleure amie.

Brenda se sentit bien dans les bras de Dylan mais elle avait toujours ce poids sur le cœur.

– Je ne m'en sortirai pas sans toi.

– Dis ça à ton père.

La suggestion de Dylan lui porta un coup au moral. Elle était certaine que son père n'écouterait jamais ce qu'elle avait à lui dire, plus jamais.

La maison des Taylor était un capharnaüm. Malgré la présence de Jake, Kelly ne s'y supportait plus. Elle aimait bien les nouveautés mais, depuis que les déménageurs avaient envahi la maison pour remplacer leurs meubles par des meubles de location, elle ne se sentait plus chez elle. Elle esquiva le canapé que deux hommes transportaient dans l'entrée. Elle demanda à sa mère les raisons de ce chambardement.

– Il nous faut faire de la place pour les tables, lui dit-elle sans lever les yeux de la liste qu'elle examinait minutieusement.

Elle balaya le salon du regard et raya quelque chose de la liste.

– Je pensais que tout avait lieu dehors.

– On commence par les cocktails dans la salle de séjour puis on passe à la véranda.

– La véranda ? Je savais pas qu'on avait une véranda.

Kelly allait lui demander où était la véranda lorsque Jake entra, sa boîte à outils en bandoulière. Kelly fut troublée. Il venait de terminer ce que Mme Taylor lui avait demandé de faire et il s'apprêtait à partir. Il n'avait pas simplement fini sa journée : il partait définitivement.

Son départ était la pire des choses qui fût arrivée à Kelly depuis... eh bien, il ne lui était rien arrivé de grave depuis que Jake était entré dans sa vie. Jake avait été son port d'attache, sa bouteille d'oxygène, sa bouée de secours tout au long de ces folles journées consacrées aux préparatifs.

Mme Taylor alla chercher son chéquier. Elle ne s'était pas aperçue de la détresse de sa fille.

Quand elle fut partie, Jake souleva gentiment le menton de Kelly. Il lui dit :

– Hé ! c'est pas parce que j'ai fini mon boulot qu'on ne va plus se voir !

Kelly acquiesça de la tête. C'était le genre de remarque fraternelle qu'elle détestait entendre de sa bouche. Son visage s'éclaira quand elle lui posa la question qui la démangeait depuis quelque temps :

– Je voudrais que tu sois mon cavalier au mariage de ma mère.

Ça fit sourire Jake qui répondit :

– Je ne crois pas que ça soit une si bonne idée.

– Pourquoi ?

Qu'y avait-il d'amusant dans sa question ? Kelly était un peu agacée que Jake puisse en sourire.

– Tu es très belle et très gentille mais crois-moi, je ne suis pas le genre de garçon que les filles souhaitent présenter à leur mère.

– Pourquoi tu dis des choses pareilles ? dit Kelly, irritée.

Elle aurait réussi à le convaincre si sa mère n'avait pas mis fin à leur conversation en entrant dans le salon, agitant le chèque comme on fait claquer un drapeau.

Au moment de partir, Jake resta courtois et distant. Il leur fit un petit signe de la tête et partit. Kelly connaissait Jake depuis moins d'une semaine et pourtant elle éprouvait une profonde tristesse.

Elle aurait souhaité pouvoir se complaire plus longuement dans son chagrin mais déjà les invités arrivaient pour la répétition. D'abord le prêtre, ou le pasteur, enfin, l'homme d'Eglise. Kelly ne savait que son nom : Fred Maxwell. C'était un petit homme rondelet vêtu d'un costume noir. Il avait des lunettes et une barbe soignée. Puis arrivèrent Brenda, Donna, puis David, les garçons d'honneur et le témoin de Mel. Lorsqu'ils se rassemblèrent dans l'arrière-cour (ou était-ce dans la véranda ?), il y avait déjà foule.

Pour Kelly, la répétition était l'occasion de retrouver ses amies et de leur confier ses problèmes. Donna était venue avec sa gentillesse simplette habituelle et Brenda avec sa mauvaise humeur du moment. Dylan avait laissé entendre qu'il ne viendrait pas au mariage (Kelly aurait payé cher pour pouvoir en faire autant). Voilà pourquoi Brenda n'était pas en mesure d'écouter les problèmes d'autrui. Elle n'était pas capable d'apprécier la tragédie que représentait le départ de Jake.

Kelly, Donna et Brenda se tenaient d'un côté des mariés, et de l'autre les trois dentistes que Mel avait choisis comme garçons d'honneur. Le prêtre indiquait de sa voix monocorde le déroulement de la cérémonie et le rôle de chacun.

– Franchement, je ne vois pas, vu l'état actuel des choses, comment Dylan et moi allons nous en sortir.

Kelly en avait assez. Agacée, elle dit :

– Dylan, Dylan, Dylan. Y en a que pour lui. Ça

ne t'est pas venu à l'esprit que je pouvais avoir aussi des problèmes ?

– Comment peux-tu comparer mes problèmes avec Dylan avec tes problèmes avec Jake que tu connais à peine ? dit Brenda, exaspérée. Votre relation n'en est même pas au stade de celle de Donna et de David.

– Qu'est-ce que ça veut dire ? demanda Donna.

– Ça veut dire que Brenda est une garce égocentrique, dit Kelly.

Kelly réalisa trop tard qu'elle était à portée de voix de sa mère qui se retourna et lui jeta un regard furieux.

– Excusez-moi, dit Brenda, je crois que je ferais mieux de m'en aller.

Elle lâcha son bouquet de fleurs et, d'un pas énergique, regagna l'intérieur de la maison. Donna courut derrière elle. Kelly ne voyait pas pourquoi elle se donnait cette peine. Si Brenda ne comprenait pas que son problème puisse être tout aussi sérieux que le sien, elle était une garce finie et ça ne valait pas la peine d'essayer de se raccommoder.

Bien sûr, Brenda n'était pas la seule à s'être désintéressée d'elle. Sa mère ne valait pas mieux que Brenda. Elle l'avait traitée, ni plus ni moins, comme l'une des nombreuses personnes qu'elle avait embauchées pour les besoins du mariage. Kelly était fâchée avec le monde entier. Elle cherchait un moyen de s'évader.

Fred Maxwell proposa une pause pour permettre à l'assistance de se reposer et de faire connaissance.

Mme Taylor s'apprêtait déjà à sermonner sa fille quand Donna se précipita hors de la maison, très ennuyée.

– Venez vite, il pleut dans le salon ! criait-elle.

13

Tractations diplomatiques

Kelly, assise au comptoir du *Peach Pit*, racontait à Nat et à Brandon les événements de la veille.

Toute l'assistance, y compris Kelly, s'était précipitée dans la maison pour constater que le salon était déjà inondé et qu'un torrent d'eau s'écoulait par un trou dans le plafond. Le plâtre se détachait par plaques. Sa mère alla fermer le robinet d'arrivée d'eau. Bientôt, ce ne fut qu'un filet d'eau qui s'échappa du plafond, puis quelques gouttes. Mais la pièce n'était plus qu'une immense pataugeoire. Mme Taylor téléphona à un plombier qui dit qu'il viendrait « dès que possible ». Ça voulait tout dire.

Après une rapide concertation avec Mel, Jackie se mit à appeler les hôtels des environs. Seul l'un d'entre eux pouvait, dans un aussi bref délai, recevoir un mariage. Mais il n'était pas possible de faire appel à un traiteur extérieur. Mel, qui avait déjà réglé le traiteur, semblait rechigner à débourser une seconde fois pour le repas.

Le plombier arriva quelques heures plus tard. Il alla ramper sous la maison puis revint expliquer à Mme Taylor que l'un des arbres de l'arrière-cour avait progressivement enroulé ses racines autour des canalisations. L'eau avait alors eu du mal à circuler dans un des tuyaux qui avait fini par éclater. Que le tuyau ait cédé trois jours avant le mariage, c'était de la pure malchance.

Il apparut que couper les racines et remplacer le tuyau éventré n'était pas une mince affaire. Ça ne pouvait pas être réglé par un seul ouvrier. Et même si toute une équipe y travaillait jour et nuit (une proposition onéreuse car le temps, c'est bien connu, c'est de l'argent) il fallait compter une bonne semaine pour que tout soit réparé.

Kelly et sa mère déménagèrent chez les Silver. Mel suggéra que le mariage ait lieu chez lui. Mais Jackie estima que la salle de séjour était trop petite. Mel en convint.

Donna proposa la maison de ses parents mais comme il s'y préparait un divorce, ce n'était pas le lieu idéal pour un mariage.

Il était dommage que la cérémonie tombe à l'eau à cause d'une fuite. Kelly, qui n'avait jamais été pour le remariage de sa mère, ni pour la venue au monde du bébé, ni pour avoir David Silver comme frère, était tout aussi déçue et frustrée que sa mère que le mariage ne puisse avoir lieu.

D'un autre côté, c'était reculer pour mieux sauter et puis le cafard qui s'était emparé de son entourage n'aidait pas à lui remonter le moral.

Kelly enleva le sachet de thé qui trempait dans sa tasse et s'aperçut qu'elle l'avait laissé infuser trop longtemps. Un malheur ne venant jamais seul, quel serait le prochain de cette série noire ?

Nat dit alors :

– J'ai une idée de première classe.

– Laquelle ? demanda Kelly sans grand espoir.

Elle sirota son thé et fit la grimace. Il était effectivement trop fort. Elle pressa la rondelle de citron. Elle savait pourtant que le problème, ce n'était pas le manque de citron.

– Pourquoi ne pas faire le mariage ici, au *Peach Pit* ? poursuivit Nat.

C'était une idée, certes, mais elle n'emballerait certainement pas Mme Taylor.

– Ne le prends pas mal, Nat, mais je crois que maman préférerait rester célibataire.

– C'est vrai, on ne mélange pas les torchons et les serviettes, dit Nat.

Et il partit, furibond, dans sa cuisine.

– Je l'ai vexé ? demanda Kelly.

– Il survivra.

Brandon réfléchit au problème de Kelly et eut une idée de génie.

– Je pourrais demander à ma mère de vous prêter la maison.

– Tu penses qu'elle accepterait ? Ce serait vraiment géant.

– Je crois que oui. Ma mère raffole des réceptions. Elle adore avoir plein de monde à la maison.

Lorsque Brandon rentra chez lui, il fit part à ses parents de sa proposition. Leur réponse fut immédiate : « Hors de question. » C'est que Jackie et Mel avaient prévu grand, beaucoup plus grand que les réceptions que les Walsh avaient l'habitude de donner. Ses parents étaient fâchés contre lui mais il ne comprenait pas pourquoi.

– Vous inquiétez pas. J'ai seulement dit que je demanderais. J'ai demandé. Voilà. Apparemment, c'est non.

Brandon comprenait leur réaction mais il était tout de même déçu que son idée n'ait pas soulevé plus d'enthousiasme.

Le téléphone sonna. Les Walsh perdirent le contrôle de la situation en un coup de téléphone. A l'autre bout du fil, il y avait une Mme Taylor reconnaissante. Elle les remerciait du fond du cœur de bien vouloir lui prêter leur maison pour son mariage. Elle les remerciait avec tant d'effusion que Mme Walsh n'eut pas l'occasion de glisser qu'il s'agissait d'un malentendu.

– Qu'est-ce qui t'a pris ? demanda son mari quand elle eut raccroché.

– Elle a dû comprendre que nous étions d'accord. Elle semblait si soulagée que je n'ai pas eu le cœur de lui dire que c'était non.

– Moi, je le lui aurais dit ! s'exclama M. Walsh.

– Ce n'est pas trop tard, dit Mme Walsh, rappelle-la.

Ce à quoi il ne répondit pas. L'affaire était réglée.

– Je suis désolé, dit Brandon.

– Tu n'y es pour rien, répondit sa mère.

Son père admit également qu'il n'avait rien fait de mal en faisant sa proposition à Kelly. Pourtant Brandon ne pouvait pas s'empêcher de penser qu'il venait de mettre ses parents dans une situation difficile. Lorsqu'il alla raconter ce qui venait de se passer à Brenda, elle se tourna dans son lit et émit un grognement.

– Mel et Jackie viendront voir si ça leur convient, lui dit Brandon.

– Super, répondit Brenda. Dylan n'est pas autorisé à entrer dans la maison et je ne parle plus à Kelly. On va s'amuser comme des fous à ce mariage.

Brandon opina du chef et se retira dans sa chambre. Il ne lui avait pas dit que l'idée était de lui. Ce n'était peut-être pas le moment. Ce ne serait peut-être jamais le moment.

Jackie et Mel vinrent visiter les lieux. Brandon était gêné par leur reconnaissance excessive. Ils n'arrêtaient pas de dire merci. Les Walsh, qui les suivaient dans toute la maison, se montraient aimables mais guère encourageants.

Si Jackie trouvait un défaut à leur maison, ils lui donnaient raison : « Ma foi, c'est vrai, je n'avais jamais remarqué que cette pièce était si petite. » Si elle en vantait les qualités, ils esquissaient un sourire crispé.

Mel semblait hésiter mais Jackie était certaine

que leur mariage et la maison des Walsh étaient faits l'un pour l'autre. Pour le meilleur... et pour le pire.

Le lendemain, les organisateurs du mariage confirmèrent l'analyse de Jackie. Le surlendemain, l'invasion commença.

Brenda était allongée sur son lit et se disait que Kelly n'avait peut-être pas tort. Elle avait vraiment l'impression d'être... (comment Kelly l'avait-elle appelée ?) une garce égocentrique. Il était encore tôt mais le soleil étirait déjà ses rayons dorés dans la chambre. Des camions étaient arrivés depuis plusieurs heures, chargés de meubles, de nourriture, de fleurs, etc. Les va-et-vient, des camions à la maison et de la maison à l'arrière-cour, étaient incessants. M. Walsh avait demandé à Brandon combien il restait de chaises à décharger et Brandon avait répondu que, d'après ses calculs (nombre de pieds de chaises divisé par quatre), il en restait encore beaucoup. En entendant la réflexion de Brandon, Brenda ne put s'empêcher de sourire.

Puis elle se remit à renifler. C'était vrai qu'elle s'était comportée comme une garce mais on l'y avait obligée. Tout le monde se fichait pas mal de ses problèmes à elle. Comment penser à quelqu'un d'autre quand personne ne pense à vous ?

Dylan était son petit ami depuis bientôt un an, et aujourd'hui, ses parents n'en voulaient pas chez eux. Cette situation était d'autant plus difficile à supporter que si Dylan était exclu, c'était sa faute à elle. Si elle n'était pas allée au Mexique avec lui, si elle avait pensé à prendre avec elle son permis de conduire, si... avec des si, on mettrait Los Angeles en bouteille.

Mais elle ne pardonnait pas pour autant à ses parents d'avoir chassé Dylan de la sorte. Ça ne leur aurait rien coûté d'essayer d'être un peu plus compréhensifs. Après tout, il ne s'était rien passé de bien méchant au Mexique. Elle n'en était pas revenue droguée ou contrebandière.

En admettant que la virée au Mexique ait été une erreur (mais Brenda n'allait pas aussi loin dans son raisonnement), c'était la sienne et pas celle de Dylan.

Brenda s'étira. Kelly refusait de penser à autre chose qu'à Jake, son homme à tout faire, mais elle n'en était pas moins sa meilleure amie. Brenda aurait bien voulu descendre et aider aux préparatifs. Mais il lui faudrait alors parler, répondre aux questions et prétendre qu'elle allait bien alors que ce n'était pas le cas. Elle se glissa sous les couvertures et pensa à Dylan. Si ses parents ne revenaient pas sur leur décision, elle ne pourrait jamais plus être heureuse.

On frappa à la porte. Brenda fut tentée de faire semblant de dormir mais décida que ça n'avait aucun sens. Pour l'instant, elle s'ennuyait plus qu'elle n'était fatiguée.

– Entrez, dit-elle.

Sa mère passa la tête par l'entrebâillement de la porte et entra dans la chambre. Brenda avait envie de câlins. Sa maman était-elle venue pour ça ?

– Bonjour, maman, dit-elle.

– Tu es encore fâchée, Brenda, je sais. Mais rester au lit n'arrangera rien, dit Mme Walsh.

Elle essayait d'être gentille, mais Brenda avait trop de rancœur.

– Tu veux dire que je suis autorisée à sortir de ma chambre ?

– Ne sois pas sarcastique, Brenda, dit sa mère en roulant des yeux. Ton père et moi sommes encore contrariés mais il arrive un moment où il faut reprendre le cours normal de la vie.

– C'est facile pour toi de dire ça. Tu te fiches pas mal que Dylan ne puisse pas venir à la maison.

Mme Walsh s'assit au pied du lit.

– Ma chérie, sois patiente. Ça s'arrangera tout seul avec le temps.

– Y a intérêt à ce que ça s'arrange rapidement. Dylan ne vient pas au mariage.

Mme Walsh semblait surprise.

– Pourquoi ?

– Toi et papa, vous avez été durs avec lui. Il a sa fierté, lui aussi, tu sais.

A la pensée de Dylan, Brenda se mit à pleurer.

Mme Walsh lui tendit un mouchoir en papier.

– Tu peux faire quelque chose, maman ?

Mme Walsh se rapprocha, le visage inquiet. Puis elle tapota la main de Brenda et finit par dire :

– Je vais voir ce que je peux faire.

Elle se dirigea vers la porte et, avant de sortir, elle dit à Brenda :

– Essaie de te dépêcher, Brenda, tu nous serais très utile en bas.

Brenda allait réfléchir à la proposition de sa mère.

Brandon était autant fatigué du boulot en soi que d'entendre Steve s'en plaindre. Ils transportaient de lourds cartons dans la cuisine. Steve grommela :

– Ça a intérêt à être un mariage heureux.

– C'est que tu n'es pas habitué aux travaux manuels, lui répondit Brandon.

– Ouais, acquiesça Steve. Il est où, ce Jake ? Jamais là quand on a besoin de lui.

Steve posa le carton sur le bord du lavabo et l'ouvrit. A l'intérieur, il y avait des coupes à champagne.

– Punaise ! Tu vois ce que je vois ? fit Steve gaiement.

Les garçons firent une tour de verres sur la table de la cuisine. Puis Steve expliqua qu'il avait vu quelque part qu'on pouvait la remplir de champagne à partir du sommet. Brandon fut intrigué et proposa d'essayer, pour voir. Mais Mme Walsh entra dans la cuisine quand il s'apprêtait à ouvrir leur première bouteille.

– Bonjour, maman, dit-il, coupable. On vient de sortir les coupes de leur boîte.

– Très bien. Est-ce que tu peux livrer ça pour moi ? dit-elle en lui tendant une enveloppe de papier à lettres fantaisie sur laquelle elle avait écrit de son écriture la plus compassée DYLAN MCKAY.

– C'est quoi ? demanda Brandon.

– Contente-toi de la remettre à son destinataire.

– O.K., dit Brandon, qui sautait de joie.

L'enveloppe devait contenir une proposition de paix. Ça ne pouvait pas être autre chose. Son père était-il au courant ? Brenda l'était-elle ? Brandon n'osait pas poser trop de questions de peur de tout faire rater.

– Tu sais où il se cache ? demanda Mme Walsh.

– Il doit crécher au *Peach Pit*.

Steve aurait bien voulu accompagner Brandon mais Mme Walsh lui demanda d'installer les chaises qui étaient empilées dans l'arrière-cour.

Brandon était heureux de pouvoir fuir la folie du mariage et plus heureux encore que quelqu'un fasse un geste pour rétablir des relations diplomatiques avec Dylan. Personne, pas même Jimbo, n'était satisfait de cette situation conflictuelle qui restait sans solution.

Lorsque Brandon arriva au *Peach Pit*, Dylan regardait dans le vague, assis au bout du comptoir. Il avait à la main une fourchette et devant lui, une part de tarte qui nageait dans une mare de glace fondue.

– Salut frère, dit Brandon qui s'assit sur le tabouret à côté de Dylan.

Dylan le regarda et lui dit :

– Je suis surpris que tu me parles encore après mon brusque départ de l'autre jour.

– Tu en as gros sur la patate ?

– Ouais, mais j'ai quand même pigé que c'est ton père qui ne veut pas de moi chez lui, pas toi.

– Aujourd'hui est un nouveau jour, dit Brandon qui tendit la main à Dylan.

La poignée de main dura quelques instants. Puis Dylan regarda son assiette et dit :

– Quel désastre.

Brandon lui tendit l'enveloppe.

– C'est quoi ?

Brandon haussa les épaules.

– Je ne suis que le messager.

Brandon regarda Dylan ouvrir l'enveloppe et lire le mot qui se trouvait dedans. Il était à l'affût d'une réaction de son copain. Mais Dylan savait ne rien laisser paraître de ses émotions. C'était le fruit d'une longue expérience. Quand il eut fini, il tendit la lettre à Brandon. Le petit mot de Mme Walsh était rédigé en ces termes :

Cher Dylan,

Il y a des personnes à qui l'on tient beaucoup mais il y a des situations que l'on ne maîtrise pas toujours. C'est ce qui s'est passé l'autre soir. Je sais que tu as été blessé dans ta fierté. Je te demande, de tout cœur, de laisser de côté tes sentiments et de trouver en toi la force de faire le premier pas. Je ferai tout mon possible pour rendre le chemin vers la porte de notre maison plus facile d'accès. S'il te plaît, fais-le pour Brenda et pour moi.

Amitiés.

Cindy Walsh

Brandon était impressionné. Il n'en revenait pas que sa mère puisse être l'auteur de la lettre. Elle avait su trouver les mots.

– Qu'est-ce que tu en dis ? demanda-t-il à Dylan.

– Je pense que ça mérite réflexion, lui répondit celui-ci.

Brandon avait beaucoup de choses à dire à Dylan mais le moment n'était pas approprié. Dylan avait effectivement besoin d'un temps de réflexion sans qu'un Walsh vienne lui prendre le chou. Par ailleurs, Dylan devait savoir que cette invitation serait la première et la dernière de la sorte. S'il la refusait, ses chances de pouvoir un jour franchir de nouveau le seuil de la maison des Walsh s'évanouissaient à tout jamais.

Brenda s'étonna de se sentir aussi bien quand elle eut quitté son lit. Elle ne savait pourtant toujours pas comment elle ferait pour continuer à vivre sans Dylan. Elle soupira en regardant sa robe de demoiselle d'honneur qui pendait à un cintre contre la porte de son placard. Elle ne pourrait jamais assister à ce mariage sans Dylan.

Elle était là, en petite culotte, devant le miroir de son armoire, à réciter une tirade du personnage de Maggie dans *Une chatte sur un toit brûlant*. Dans sa robe, on aurait dit Scarlett.

– Ça par exemple, c'est chaud, dit-elle d'une voix traînante.

Dylan la trouverait très belle dans sa robe, s'il la revoyait un jour.

On frappa à sa porte. Brenda se demanda si c'était encore sa mère avec un autre de ses laïus d'encouragement.

– Entre, dit-elle.

Mais non, c'était Kelly. Celle-ci jeta un regard timide dans la chambre. Elle n'avait pas l'air de vouloir chercher la bagarre. Brenda la pria d'entrer.

Kelly restait plantée sur le seuil, indécise, les bras ballants.

– Brandon m'a dit qu'on pourrait se changer ici.

– Pas de problème.

Etait-ce la seule raison de sa venue ? Brenda avait espoir que Kelly veuille faire la paix. Elle aurait souhaité faire le premier pas elle-même mais ne savait pas comment s'y prendre.

Kelly dit enfin :

– Je voulais te dire que j'étais vraiment désolée.

Brenda comprit alors qu'elle tenait énormément à Kelly. Elle lui dit :

– Non. Celle qui doit être désolée, c'est moi. J'ai vraiment été égoïste.

Elles se précipitèrent dans les bras l'une de l'autre et pleurèrent comme des madeleines. Puis, à travers les larmes, le rire fusa. Elles pleuraient, elles riaient, elles pleuraient. Elles s'étaient disputées, voilà, maintenant la mère de Kelly se mariait dans la maison de Brenda et elles étaient de nouveau amies. C'est la vie, pensa Brenda.

– Jake signifiait beaucoup pour moi, dit Kelly

après quelques minutes de réflexion. On ne se connaissait pas depuis longtemps mais on éprouvait des sentiments intenses l'un pour l'autre. Et quand il m'a dit que ce n'était pas possible entre lui et moi, le jour du mariage de ma mère, j'ai craqué.

– Si je n'avais pas été aussi garce, j'aurais compris que tes problèmes avec Jake étaient aussi sérieux que les miens avec Dylan.

– Nous avons été aussi égoïstes l'une que l'autre, finit par conclure Kelly.

Elles essuyèrent leurs larmes. Brenda ne s'était pas sentie aussi bien depuis son retour du Mexique. Elle n'avait toujours pas la solution à son problème avec Dylan mais elle avait, au moins, retrouvé sa meilleure amie. Et c'était déjà beaucoup.

– Je pense qu'on devrait commencer à se préparer sinon on ne sera jamais prêtes, dit Brenda.

– Oui, tu as raison, répondit Kelly.

– Où est Donna ?

– Elle attend en bas que je lui fasse signe.

– Je vais la chercher, dit Brenda.

Elle enfila son peignoir pour descendre. Dans l'entrée, Donna était entourée de garçons qui transportaient des tonnes de fleurs.

Et parmi eux, il y avait Dylan. Brenda chancela. Elle dut se tenir à la rampe. Elle courut si vite dans les escaliers pour lui souhaiter la bienvenue qu'elle faillit trébucher. Il était superbe, bien qu'un peu sérieux, comme s'il allait passer un examen. Il y avait là aussi Mme Walsh qui lui souriait comme un artiste sourit devant son œuvre. Brenda était aux anges. Mais un peu surprise tout de même que sa mère ait fait un geste, la situation lui avait paru si désespérée.

Brenda avait peur de toucher Dylan. Elle se rapprocha de lui autant qu'elle l'estimait possible.

– Qu'est-ce que tu fais ici ? lui demanda-t-elle.

Il regarda Mme Walsh et dit :

– Je fais le premier pas.

– Il est dans la chambre, lui dit Mme Walsh. Monte le voir.

Dylan acquiesça et monta lentement les escaliers. Quand il eut disparu, Brenda dit à sa mère :

– Je n'arrive pas à croire qu'il soit ici. Qu'est-ce que tu lui as dit ?

– Pas grand-chose, dit Mme Walsh, un large sourire aux lèvres.

Elles haussèrent les épaules et Brenda s'autorisa à penser que la situation n'était pas aussi catastrophique qu'elle l'avait imaginé. Elle n'était pas sans savoir pourtant que lorsqu'on entre dans la grotte de l'ours, il faut s'attendre à perdre un bras ou une jambe.

14

Confiance

Les derniers pas qui le séparaient de la chambre de M. Walsh restaient à faire. Dylan s'approcha, hésitant. Il faisait cet effort pour Brenda et pour Mme Walsh. Il ne croyait pas que Jimbo changerait d'avis. Pour M. Walsh, le voyage au Mexique avait été la goutte qui avait fait déborder le vase.

Pourtant Dylan voulait bien réviser son jugement. Il s'était trompé sur le compte de plusieurs personnes auparavant. Pourquoi M. Walsh ne se serait-il pas radouci au cours de ces derniers jours ? Dylan frappa à la porte. On le pria d'entrer.

Jim Walsh était couché sur le lit d'où il regardait *Planète interdite* à la télé. Les astronautes venus de la planète Terre avaient atterri sur Altaïr et le professeur Morbius allait leur montrer quelques exemples des merveilles inventées par les Krels. M. Walsh ne parut pas surpris de voir

Dylan. Peut-être que Mme Walsh l'avait averti de sa visite, ou bien peut-être qu'il s'y attendait, tout simplement. Dylan n'était pas toujours d'accord avec M. Walsh mais il savait qu'il n'avait pas affaire à un pantin.

– Je vous dérange, monsieur ? demanda Dylan.

– Non, entre. J'ai vu ce film une bonne douzaine de fois.

– C'est super, non ? dit Dylan qui regretta aussitôt d'avoir posé une question aussi stupide.

M. Walsh éteignit le poste avec la télécommande et vint s'asseoir sur le bord du lit. Il semblait décontracté, prêt à écouter tout ce que Dylan avait à lui dire. La colère s'en était allée mais l'entêtement traînait les pieds.

– Je suis désolé, monsieur Walsh. Nous n'aurions jamais dû aller au Mexique.

– J'accepte tes excuses, Dylan, mais j'ai bien peur que l'affaire n'en soit pas classée pour autant. Tu sais, dans la vie, il y a un moment où l'on devient responsable de ses actes. C'est ce qu'on appelle l'âge de raison.

Dylan en avait assez d'entendre les mêmes rengaines mais il se sentait dans l'obligation de tenter cet ultime effort de paix jusqu'à ce qu'il soit clair que cela ne mènerait nulle part. Brenda mais aussi Mme Walsh comptaient sur lui.

– Les responsabilités ne me font pas peur, monsieur. C'est bien pour cela que je suis ici. Mais ne croyez-vous pas que vous êtes un peu trop dur ?

M. Walsh secoua la tête.

– Pour tout te dire, Dylan, je crois que j'ai fait preuve de beaucoup de patience et d'indulgence. Je me suis toujours montré large d'esprit. Rappelle-toi, n'ai-je pas été « cool » à l'époque où tu avais tendance à lever un peu trop facilement le coude ? Et quand Brenda a cru être tombée enceinte ? Pourquoi ? me diras-tu. Parce que je savais qu'elle tenait beaucoup à toi. Mais il y a des bornes à ne pas dépasser, Dylan.

– Vous me connaissez depuis longtemps, monsieur Walsh. Vous savez que je ne suis pas un voyou, n'est-ce pas ?

Dylan fut blessé du silence qui s'ensuivit. La question méritait-elle une aussi longue réflexion ?

– Tu as manqué de parole, Dylan, et avant que la confiance que j'avais en toi puisse être rétablie, nous allons avoir un problème, toi et moi. Tu peux assister au mariage mais après ça je veux que tu sortes de la vie de Brenda. Point final.

– Comment pensez-vous que je puisse rétablir la confiance si vous m'interdisez de revoir Brenda ?

La question semblait raisonnable à Dylan mais elle agaça M. Walsh.

– Tu as manqué de parole, Dylan, dit-il en colère. C'est ton problème de rétablir la confiance.

Apparemment, M. Walsh ne savait pas non plus comment la confiance pouvait être rétablie. Peut-être qu'il ne voulait pas qu'elle le soit. Dylan n'avait jamais fait de mal à Brenda et pourtant sa réputation de sale gosse lui collait à la peau.

– Eh bien, je crois que nous n'avons plus rien à nous dire, fit Dylan qui quitta précipitamment la chambre.

Sa colère grandissait à chaque pas qui l'éloignait de la chambre de M. Walsh. Ça le prenait maintenant aux tripes.

Brenda, toujours vêtue de son peignoir, était assise au bas des escaliers. Elle se leva et lui fit face. L'espoir se lisait sur son visage.

– Que s'est-il passé ? demanda-t-elle.

– Je rentre chez moi. Je vais m'habiller.

Ne pas lui dire la vérité n'était peut-être pas une bonne idée. Mais autant la lui cacher le temps de la cérémonie.

Apparemment Brenda crut que c'était bon signe.

– Je suis si heureuse, dit-elle en se jetant à son cou.

Il aurait voulu la serrer fort contre lui mais il resta raide comme un piquet. Comment prendre plaisir à embrasser Brenda en sachant que ce genre d'effusion était désormais proscrit par l'inflexible Jimbo ? Dylan croisa le regard de Mme Walsh qui sortait de la cuisine. Brenda prenait ses désirs pour des réalités. Mais Mme Walsh ne tomba pas dans le panneau. Elle fronça les sourcils, inquiète.

Dylan se fraya un passage entre les serveurs qui portaient des plateaux chargés de petits fours. Les événements s'enchaînaient à la vitesse grand V. Ça allait trop vite pour lui. Il se rassura en pensant que, quand tout serait terminé, il repartirait à Baja... seul.

David Silver se contempla dans le miroir. Il décida qu'il était superbe dans son smoking bleu lavande. Ce n'était pas la couleur qu'il aurait personnellement choisie pour un mariage mais l'idée n'était pas de lui. Ce n'était pas non plus une idée de son père. C'était Jackie Taylor qui avait décidé de la couleur du costume des Silver. Comme de tout, d'ailleurs.

David descendit au rez-de-chaussée où les convives s'étaient rassemblés. Il était en proie à une vive émotion. Un mariage, c'était une énorme boum et il adorait ça. Il était heureux pour son père. Et puis les sœurs Magill allaient désormais faire partie de la famille.

Le rez-de-chaussée ressemblait à la boutique d'un fleuriste. Il y avait des fleurs partout et leur parfum montait à la tête. Des petits groupes s'étaient formés. Il connaissait quelques personnes mais la plupart lui étaient inconnues. Elles devaient appartenir à la famille de Jackie.

Dans le salon, Brandon et Steve mataient trois superbes filles. La benjamine devait être au lycée et l'aînée à l'université. David se faufila vers ses deux copains et leur indiqua fièrement qu'il s'agissait des sœurs Magill.

– Waouh ! fut le commentaire de Steve.

– C'est avec elles que je vais passer tous les Noëls et les réveillons du premier de l'an qui me restent à vivre, dit crânement David.

Brandon resserra son nœud de cravate bleu lavande et dit :

– Qu'est-ce que tu attends pour nous présenter ?

– Je peux pas, répondit David.

– Mais pourquoi ? demanda Steve.

– Parce que je n'ai pas été présenté moi-même.

Steve pensait pouvoir remédier à la situation quand le docteur Silver s'approcha et demanda à parler à David en particulier. Steve pouvait bien tenter sa chance s'il le souhaitait. Il finirait certainement par se présenter tout seul.

Le docteur Silver emmena David dans la salle à manger qui se trouvait inoccupée. Il demanda à David de l'aider avec son nœud de cravate. Il bafouillait. L'anneau qu'il tendait à son fils tomba de ses mains tremblantes.

– Je ne vois pas pourquoi tu t'énerves comme ça, papa. Tu es déjà passé par là.

– Ouais, mais je m'étais royalement planté. J'ai été un mauvais mari et un bien piètre père. Je suis désolé, David.

Son père se faisait du mauvais sang pour rien. Il avait besoin que quelqu'un lui dise qu'il n'avait rien du parfait idiot.

– Tu ne me dois aucune excuse, papa. Tu es très bien et tu t'en sortiras très bien. Jackie et toi vous vivrez heureux ensemble jusqu'à la fin de vos jours.

– Merci, David. J'espère que je saurai tirer les leçons de mes erreurs passées.

David en avait terminé avec le nœud de cravate. Il poussa son père hors de la salle à manger.

– Tu réfléchis trop, papa. Va te mêler aux invités.

– Oui, c'est une excellente idée. Me mêler aux invités, c'est ça, me mêler, dit-il comme s'il essayait d'apprendre par cœur le mot « mêler ».

Pourvu qu'il s'en sorte, pensa David.

Kelly donnait du volume à ses cheveux devant le miroir de la chambre de Brenda. L'exaltation était communicative. L'ambiance de joie et de fête l'avait rendue philosophe. Bien sûr, il y avait toujours des détails (de nombreux détails, à y bien réfléchir) qui la gênaient, mais sa mère était heureuse et elle se disait que peut-être elle aussi serait heureuse un jour.

En revêtant leur robe de demoiselle d'honneur, Kelly, Brenda et Donna s'étaient laissé aller à la rêverie. Elles avaient évoqué le mariage qu'elles aimeraient avoir quand l'heure serait venue pour elles aussi.

La discussion était toute théorique pour Kelly. Brenda avait Dylan (enfin, en quelque sorte) et Donna avait David. Elle, elle n'avait personne. Même Jake était sorti de sa vie quand il avait fini son travail. Faute de mieux, elle pourrait épouser Steve. Mais vu le prix qu'avait dû payer sa mère avec des maris qu'elle avait épousés sur un coup de tête, Kelly décida qu'il valait mieux être seule que mal accompagnée.

Brenda voulait se marier à l'ancienne avec une

robe de perles. Les hommes porteraient des queues-de-pie et elle ferait venir un orchestre. Kelly lui rappela que tout ça devait coûter les yeux de la tête.

Brenda maintenait qu'il était permis de rêver. Quant à Donna, elle voulait un mariage religieux traditionnel. Ou bien quelque chose de complètement fou. Elle et son mari sauteraient d'un avion, attachés à un élastique. Brenda refusait de participer à un mariage aussi dangereux. Puis Kelly rejoignit sa mère pour voir si tout allait bien.

Elle la trouva assise au bord du lit, dans la chambre de M. et Mme Walsh. Elle était d'humeur chagrine. Elle avait le ventre bien rond pour une mariée mais on était à Beverly Hills, fin des années 90. Il n'y avait rien d'anormal à cela. Tout comme le fait que Mel et Jackie ne partagent pas la même religion.

Kelly s'assit près de sa mère et lui prit la main.

– Les larmes du bonheur ?

– Les larmes de la terreur, répondit sa mère. J'ai raté mon mariage à trois différentes occasions. Qu'est-ce qui me dit que celui-ci est le bon ?

– D'une part, cette fois-ci tu ne te maries pas sous l'effet d'un narcotique. D'autre part, c'est Mel qui t'a demandée en mariage. Il doit savoir ce qu'il fait.

Mme Taylor réfléchit quelques instants puis demanda à sa fille :

– Est-ce que tu l'aimes bien, Kelly ? Est-ce que tu l'aimes vraiment bien ? Parce que tu es la personne la plus importante au monde pour moi.

Sa mère lui avait enfin posé la grande question. Mais Kelly savait que son opinion sur Mel Silver n'allait pas changer la face du monde. Elle aurait répondu « oui » de toute façon. Or, il se trouvait qu'elle aimait bien Mel. Il n'était pas d'une beauté transcendantale mais il était drôle et gentil et sa mère l'adorait. C'était juste dommage que Mel ait un fils. Quoique, depuis quelque temps, David se fût amélioré. Kelly estima qu'elle pourrait faire avec.

Elle posa la tête sur l'épaule de sa mère. Elles n'avaient pas eu toutes les deux un tel moment de quiétude depuis le quiproquo de la Saint-Valentin. Et pour la première fois depuis ce jour-là, Kelly était heureuse. Certes, Jake venait de sortir de sa vie, mais d'être aimée et respectée par sa mère lui donnait la force nécessaire pour affronter vaillamment tous ses problèmes.

Elles restèrent comme ça quelques instants puis sa mère dit enfin :

– Allons-y, le mariage nous appelle.

15

La fin d'une époque

Au cours de la cérémonie, Brenda fit un rêve. Elle rêvait que ce n'était pas Mel et Jackie qui se mariaient mais elle et Dylan. Elle était vêtue d'une robe de perles et Dylan portait un habit à queue-de-pie. Ses parents se tenaient à leurs côtés, très fiers. Sa mère pleurait de joie. A l'idée de ce bonheur, les larmes lui vinrent aux yeux.

Puis Fred Maxwell, le prêtre, dit :

– Je vous déclare mari et femme.

Et Brenda descendit de son nuage. Elle ne se mariait pas. Elle était en état d'arrestation chez elle pour être allée au Mexique. Elle jouissait d'une liberté conditionnelle le temps du mariage. Dylan assistait à la cérémonie, ce qui semblait ne ravir ni lui ni M. Walsh. Puis Mel marcha sur quelque chose en verre enveloppé d'une serviette. Des gens dans l'assistance crièrent alors : « *Mazel tov !* » et les musiciens entonnèrent l'hymne nuptial. Mel serra la main des garçons d'honneur et de son fils. Jackie embrassa Brenda et Donna et serra fort dans ses bras sa petite Kelly. Brenda s'efforça de sourire. Ses lèvres esquissèrent un sourire forcé. Personne ne s'en rendit compte dans la liesse générale. Elle chercha Dylan du regard.

Kelly regardait les garçons d'honneur retirer les chaises pour libérer la piste de danse. C'était le jour de sa mère et personne ne faisait vraiment attention à elle. Elle ne s'en plaignait pas, au contraire. Maintenant que sa mère était mariée, elle avait du vague à l'âme.

Tout autour d'elle les gens s'amusaient. Jackie et Mel dansaient, les yeux dans les yeux. Kelly était heureuse pour eux, bien sûr, mais elle ne pouvait pas s'empêcher de s'apitoyer sur son propre sort. Donna et David formaient un couple. Même si on leur interdisait de se voir, Brenda et Dylan aussi, et personne, pas même M. Walsh, ne pourrait en décréter autrement. Mais Kelly Taylor, l'une des plus belles filles du bahut, qui avait eu tous les garçons à ses pieds, restait seule. Quand trouverait-elle enfin l'âme sœur ? Elle poussa un énorme soupir.

Steve s'approcha et l'embrassa sur la joue.

– Félicitations, dit-il.

Kelly hocha la tête. Steve la rendait nerveuse car elle ne savait jamais sur quel pied danser avec lui. Qu'avait-il donc derrière la tête ? Comment la considérait-il aujourd'hui ? Comme une amie, une ex-petite amie ou une future petite amie ?

– Alors, tu en es où, avec ce bel Apollon, ce... quel est son nom, déjà ?

– Jake.

– Ouais, Jake.

– Y a rien entre nous, Steve. Je suppose que tu t'en réjouis.

– Crois-moi si tu veux, Kel, mais ce n'est pas le cas. En te voyant avec lui l'autre soir, j'ai compris qu'entre toi et moi c'était bien fini.

Kelly était soulagée. Décidément, ce mariage avait mis du plomb dans la cervelle de pas mal de monde. Voilà que Steve lui parlait comme à une amie.

– C'est fini entre nous depuis longtemps, Steve.

– Attention, ça ne signifie pas que j'aurai pas mon mot à dire sur tes prochaines conquêtes.

– C'est bien comme ça que je l'entendais.

Steve pouvait être très gentil quand il n'essayait pas d'épater la galerie.

David s'approcha et demanda à Kelly de lui accorder une danse. Elle accepta et David l'emporta dans un tourbillon. Il était tombé à pic. Elle et Steve auraient fini par sortir les violons et on ne sait jamais ce qui peut arriver dans ces moments-là.

David était un très bon danseur. C'était une des qualités que Donna lui trouvait. Le blues de Kelly se dissipa dans les bras de David.

– Qui l'eût cru ? dit David. L'an dernier pour Spring Fling, je devais gagner un concours pour pouvoir danser avec toi. Et te voilà ma sœur.

Ça avait l'air de l'enchanter.

– Ta demi-sœur, précisa Kelly.

– Et une amie à part entière, j'espère.

David avait vraiment mûri au cours de ces dernières années. Kelly l'avait longtemps considéré comme l'idiot du village. Elle essaya de le complimenter mais David, qui aimait bien qu'on lui lance des fleurs (c'était un truc que lui avait appris ce flambart de Steve, certainement), voulut savoir quand et comment sa métamorphose s'était opérée. Kelly le fit taire du regard et ils dansèrent en silence pendant un instant.

Soudain, Kelly eut le choc de sa vie. Jake était là, devant elle, et il lui demandait une danse. David s'éclipsa et disparut dans la foule des invités. Kelly, qui ne s'attendait pas à revoir Jake (il ne l'avait pas avertie qu'il viendrait), était tellement émue qu'elle en avait les jambes en coton et qu'elle en perdit l'usage de la parole. Il avait mis ses habits de cérémonie : pantalon propre, veste sport sur un T-shirt noir.

Il n'était pas aussi bon danseur que David. Mais sentir son corps musclé si proche d'elle avivait ses sens. L'odeur de son après-rasage, ou son savon, peut-être tout simplement, l'enivrait. Le souffle court, elle demanda à Jake ce qu'il était venu faire.

– Après mon départ, j'ai compris que ce ne serait pas aussi facile de sortir de ta vie que je l'avais d'abord pensé. Vous êtes une fille très dangereuse, Kelly Taylor.

– Moi, dangereuse ? Innocente que je suis !

Kelly était ravie que Jake la trouve irrésistible.

– Innocente aux mains pleines. Tu es intelligente et sexy. On devrait probablement me mettre derrière les barreaux pour ce que je suis en train de penser.

Kelly eut un large sourire.

– J'ai quelques fantasmes à moi, tu sais. Tu me dis les tiens et je te dis les miens.

– Je ne parle pas de fantasmes, Kelly.

Jake avait parlé avec conviction jusqu'ici mais là, soudain, il était devenu très sérieux. Kelly en fut étonnée et intriguée.

– Tu me vois devant toi en chair et en os. Le problème, c'est que tout ce que tu sais de moi, c'est que je peins des baraques. Tu ne sais pas où tu mets les pieds.

Si Steve avait parlé comme ça, elle lui aurait dit qu'il n'était qu'un nigaud arrogant et l'aurait planté là, outragée. Mais Jake ne lui racontait pas de bobards. Il pensait ce qu'il disait, Kelly en était sûre. Par ailleurs, il avait raison. Tout ce qu'elle savait c'était qu'elle n'avait jamais été attirée comme ça par quelqu'un.

– Je crois que je veux tenter ma chance, finit-elle par dire.

– Tu es courageuse, dit Jake.

Et il lui donna un baiser. Qui dura, dura si longtemps que Kelly perdit la notion du temps.

Brandon tournait autour du buffet. Mel et Jackie savaient recevoir. Il y avait de tout, du pastrami au sushi, mais Brandon préférait en rester à ce qu'il arrivait à identifier.

A quelques mètres de là, Steve draguait une des sœurs Magill. Elle semblait vouloir se laisser convaincre.

Brandon s'accorda quelque temps avant de partir à la chasse. Pour l'instant, il allait se confectionner un sandwich qui resterait dans les annales.

Il déposait un bout de gruyère sur une tranche de pain de mie quand Andrea s'approcha pour lui confier que David avait offert à son père et à sa nouvelle belle-mère des boucles d'oreilles assorties en cadeau de mariage. C'était la quatrième fois que Brandon en entendait parler. Quant à savoir si Mel porterait les boucles d'oreilles, Brandon avait des doutes.

Mais les boucles d'oreilles n'étaient qu'un prétexte. La grande nouvelle, c'était qu'Andrea avait découvert que, statistiquement, l'union de Mel et Jackie était éternelle.

– Quatre mariages sur dix finissent par un divorce, indiqua Andrea. La mère de Kelly a été mariée déjà trois fois. Le père de David, déjà une fois. Trois et un font quatre. Le sort est de leur côté.

– Tu es vraiment incroyable, Andrea, dit Brandon qui pensait à ce qu'elle venait de dire.

Il n'avait jamais rencontré quelqu'un comme elle : un sac hermétique de logique, de compassion et de romantisme exacerbé.

Andrea faisait sauter des olives noires dénoyautées dans sa bouche tout en poursuivant la conversation. Elle était heureuse d'assister au mariage et elle avait été stupide de croire qu'elle n'avait pas été invitée.

Brandon en avait aussi entendu parler. Pendant des semaines, Andrea avait déambulé dans les couloirs du bahut, l'âme en peine, parce qu'elle n'avait pas reçu d'invitation. Elle s'était refusé à en parler à Kelly parce que, pour elle, il était évident que si elle n'avait pas reçu d'invitation c'était qu'elle n'était pas invitée. Elle ne voulait pas mendier. Mais Brandon pensait qu'Andrea était aussi un peu maso.

Il s'avéra qu'Andrea avait reçu une invitation à la même époque que tout le monde. Mais sa mère l'avait mise dans son porte-monnaie où elle l'avait oubliée. Elle l'y avait découverte, en cherchant tout autre chose, le jeudi soir précédant le mariage.

Brandon allait se décider à jeter son dévolu sur la dernière des trois sœurs Magill encore disponible quand Andrea lui demanda une danse. Il détestait danser. Elle le savait mais elle fit celle qui l'ignorait.

Quel satané mariage ! pensa-t-il, tout en se laissant entraîner vers la piste de danse.

Heureusement pour lui, c'était un slow. Il ne paraîtrait pas trop empoté.

Brenda était aux anges. Elle dansait dans les bras de Dylan. Pourtant, elle sentait que quelque chose ne tournait pas rond. Dylan ne semblait pas s'amuser. Il était si raide qu'elle avait l'impression d'étreindre un fagot de bois.

Elle savait que son père ne les quittait pas des yeux mais il leur avait permis à tous les deux d'assister au mariage. S'il regrettait sa décision, c'était tant pis pour lui. Dylan ne supportait pas de se sentir épié. Ça le mettait dans une colère noire.

– Tu ne peux pas te détendre un peu et essayer de t'amuser ? lui demanda Brenda.

– Pas après ce qui s'est passé entre ton père et moi ce matin. J'ai essayé de m'excuser. Il n'a rien trouvé de mieux que de me jeter mon passé à la figure.

Il secoua la tête de l'air de dire « j'y crois pas » et poursuivit :

– C'est comme s'il avait attendu que je fasse un faux pas.

– Je suis sûre qu'il ne pensait pas ce qu'il t'a dit, lui répondit Brenda, qui détestait avoir à s'excuser pour son père.

Bien sûr, leurs relations étaient un peu tendues depuis quelque temps, mais elle pensait que tout irait mieux si Dylan et son père enterraient la hache de guerre et redevenaient amis. Oui, tout irait pour le mieux du monde.

– Oh si ! il le pensait ! Il n'y a qu'une personne qui m'ait jamais culpabilisé comme ça, et cette personne est actuellement en prison.

Le père de Dylan était incarcéré pour quelque sombre magouille boursière. Pour Dylan, il avait échoué en tant que père et, à de nombreux niveaux, en tant qu'être humain aussi. Dylan comparait M. Walsh à son père. C'était mauvais signe.

– Et si on allait grignoter quelque chose ? demanda Brenda qui ne savait plus à quel saint se vouer.

Ils allèrent jusqu'au buffet et prirent des assiettes.

– C'est une réussite, tu trouves pas ? demanda Brenda.

– Ouais, répondit Dylan sans enthousiasme.

C'était un fiasco total, oui. Ce n'était déjà pas drôle d'être surveillé par l'œil satanique de Jim Walsh toute la soirée mais, en plus, tout le monde nageait dans le bonheur pendant que lui se noyait dans sa tristesse. Il prit un cornichon qu'il déposa dans son assiette. « Je ferais mieux de me casser », pensa-t-il.

Kelly et Donna s'approchèrent en pouffant. Elles entraînèrent Brenda avec elles pour se repoudrer le nez. Brenda fit un bisou à Dylan et lui dit qu'elle ne serait pas longue. Quand elle fut partie, il posa son assiette et se dirigea vers le bar. Son ennemi juré. Enfin, un de ses ennemis. S'il prenait une bière ou une coupe de champagne, personne ne s'en rendrait compte. Bien sûr, il savait qu'il ne se contenterait pas d'un verre et que tout le monde serait vite au courant quand il commencerait à hurler, à tituber et, finalement, à vomir sur ses chaussures. Un tel spectacle ravirait M. Walsh et confirmerait l'opinion qu'il avait de lui.

Dylan commanda un verre et s'assit à l'une des

tables. Il prit la résolution d'en prendre soin jusqu'au retour de Brenda. Quelqu'un vint s'asseoir à côté de lui. Dylan allait lui dire de déguerpir quand il s'aperçut que c'était son ami Jake. Sa présence aurait dû le réconforter. Or, rien ni personne ne pourrait apaiser son chagrin. Il voulait être seul.

– Comment ça va ? réussit-il tout de même à dire.

– Mieux que toi, on dirait.

– Fous-moi la paix, O.K., mec ? Ce n'est qu'une bière.

Jake joua un instant avec une paille en plastique puis il demanda à son copain :

– Qu'est-ce qu'il y a ? T'as chaviré et t'as bu la tasse, c'est ça ?

– Y a que j'en ai marre de faire confiance à des types qui n'en valent pas la peine. Tu as raison, Jake, navigue au gré du vent et n'ancre surtout pas ta barque.

– Je ne crois pas que ce soit la solution.

– Ça a l'air d'aller, pourtant.

– Faut pas se fier aux apparences.

Dylan était écœuré. C'était Jake, le type qui lui avait tout appris sur le surf, les filles et la vie, qui lui tenait ce discours ? Jake qui rejetait tout en bloc ? Cette fois-ci Dylan coulait à pic. Il n'allait pas tarder à toucher le fond.

Donna et David arrivèrent avec des paquets de riz.

– Venez ! cria Donna. Mel et Jackie sont sur le point de partir.

Quand ils furent à nouveau seuls, Jake se leva et dit à Dylan :

– Tu viens ?

– Dans une minute.

Dylan mentait. Son intention était de rester là aussi longtemps que possible.

Jake serra la main de Dylan et lui dit :

– Crois-moi, t'as une vie que beaucoup envieraient. Laisse pas passer les bons moments.

Qu'est-ce qu'il en savait, ce loup de mer ? Comment pouvait-il se permettre de porter un jugement sur la vie des autres alors qu'il était incapable de le faire sur sa vie à lui, ce bourlingueur de première ? Jake n'avait jamais cessé de fuir. La fuite était, peut-être, la solution.

L'arrière-cour se vida rapidement et il ne resta bientôt plus que lui, le barman et quelques serveurs qui allumèrent leur cigarette et commencèrent à nettoyer.

Ses problèmes tanguaient dans sa tête. Il se rassit au bord du gouffre noir qui l'attirait au fond de son verre. Pourquoi sa vie était-elle entrée dans ces eaux sombres ?

– Salut, Dylan.

Dylan leva les yeux. La dernière personne qu'il aurait souhaité voir se tenait en face de lui.

– Salut, dit Dylan à M. Walsh.

– Je viens de parler à Brenda et elle m'a fait part de tes sentiments. Je crois que j'ai été un peu injuste avec toi.

– Je ne veux pas de vos excuses. Je ne veux rien de vous. Juste que vous me fichiez la paix.

Mais M. Walsh semblait déterminé à avoir une conversation avec Dylan, lequel se résigna à l'écouter.

– Je me suis laissé emporter et j'en suis désolé. Tu sais ce que nous éprouvons pour toi.

– Je croyais le savoir, en effet. Je croyais que le courant passait entre moi et votre famille. C'est pourquoi je me suis ouvert à vous.

– Mais la confiance n'est pas une voie à sens unique, Dylan. Que crois-tu que nous ayons éprouvé quand tu es parti avec Brenda au Mexique alors que nous vous l'avions interdit ?

– Que croyez-vous que j'aie éprouvé quand à une vingtaine de kilomètres de la frontière j'ai appris la vérité ?

– Je n'absous pas Brenda. Je pense simplement pour l'instant que vous n'avez pas une bonne influence l'un sur l'autre et qu'il faudrait que vous mettiez un frein à votre relation. Je ne crois pas trop demander.

La sincérité de M. Walsh lui donnait la nausée. Sa fatuité le mettait hors de lui. Ça lui rappelait toutes les fois où son père avait essayé de dissimuler ses erreurs derrière des actes qui lui donnaient le beau rôle et rejetaient la faute sur son fils.

– Au moins mon vrai père me frappait quand il était en colère. Je pouvais alors regarder les bleus et je savais qu'ils disparaîtraient.

Il se leva et renversa sa chaise.

– Allez-y, dit Dylan en relevant le menton.

Allez-y, frappez, Jimbo. Montrez-moi ce que vous cachez tout au fond de vous.

Il avala une gorgée de bière et fixa M. Walsh.

– Alors, c'est ça, dit M. Walsh sur le ton de celui qui a enfin la preuve que ce qu'il a toujours pensé est vrai. Boire est un besoin pour toi.

Dylan jeta le verre. La bière se répandit sur le sol. Le gobelet en plastique roula entre leurs pieds. Cet homme était impossible. Il fallait toujours qu'il imagine le pire.

– Ce dont je n'ai pas besoin, c'est que vous me disiez ce que j'ai à faire.

– Non ? Eh bien, je te dis de rentrer chez toi maintenant.

– C'est ce que je m'apprêtais à faire.

Dylan s'en allait quand autre chose lui vint à l'esprit. Il s'arrêta, se retourna et dit à M. Walsh :

– Au fait, j'oubliais. Pas touche à mon fric. Pigé ?

Dylan n'attendit pas de voir si M. Walsh avait saisi son allusion. Si nécessaire, ses avocats se chargeraient de la lui expliquer.

La maison était vide mais il y avait encore beaucoup de monde sur la pelouse. Une limousine attendait, garée sur le trottoir. Apparemment, Jackie était sur le point de jeter son bouquet de fleurs. Dylan se fraya un passage dans la foule sans faire usage de ses bonnes manières.

Brenda le vit et lui demanda ce qui n'allait pas.

– Ecoute, Bren. Tout ça c'est ma faute. Je me suis approché de vous d'un peu trop près. Mais t'inquiète, je garderai mes distances désormais.

Brenda se mit à pleurer quand Dylan la repoussa.

– Dylan, attends ! cria-t-elle.

Quelqu'un lui saisissait le bras. C'était son père.

– Laisse-le partir, Brenda.

– Je ne veux pas le laisser partir.

– Il ne reviendra plus.

Quelques minutes auparavant, Brenda était la personne la plus heureuse au monde. Jackie et Mel étaient mariés, Kelly et Jake se tenaient bras dessus, bras dessous, son père allait s'excuser auprès de Dylan. Soudain, tout échappait à son entendement et elle ne maîtrisait plus la situation. L'effet de surprise rendait sa déception encore plus grande. Il y avait un énorme vide en elle. Et tout semblait accuser son père.

– Papa, qu'est-ce que tu lui as dit ?

Avant qu'il ne puisse répondre (si tant est qu'il ait voulu répondre) Jackie lança son bouquet. Les invités se bousculèrent pour l'attraper. Brenda se libéra de l'emprise de son père et courut vers la route.

– Dylan !

Mais Dylan ne se retourna pas. Sa Porsche disparut dans un vrombissement.

Brenda avait tout perdu en quelques secondes. Un sentiment étrange s'emparait d'elle maintenant. Elle l'avait rarement éprouvé et le ressentait à présent pour son père. C'était de la haine. S'il avait été un peu raisonnable, rien de tout cela ne serait arrivé.

M. Walsh s'approcha d'elle et dit :

– Brenda, je...

Elle ne fit pas attention à lui. Elle traversa la pelouse et rentra à la maison.

J'AI LU FETE LES 100 ANS DU CINEMA

Abyss
CARD Orson Scott 2657/4
L'accompagnatrice
BERBEROVA Nina 3362/4
Adieu ma concubine
LEE Lilian 3633/4
Alice au pays des merveilles
CARROLL Lewis 3486/2
Alien
FOSTER Alan Dean 1115/3
AlienS
FOSTER Alan Dean 2105/4
Alien 3
FOSTER Alan Dean 3294/4
L'ami Maupassant
de MAUPASSANT Guy 2047/2
Les amies de ma femme
ADLER Philippe 2439/3
Les amitiés particulières
PEYREFITTE Roger 17/4
WING Avra 3829/3
L'année de l'éveil
JULIET Charles 2866/3
L'autre
CHEDID Andrée 2730/3
Backdraft
MITCHELL Kirk 2996/4
Beignets de tomates vertes
FLAGG Fannie 3315/7
Bel-Ami
de MAUPASSANT Guy 3366/3
La belle Romaine
MORAVIA Alberto 1712/5
Beverly Hills
GILDEN Mel 3637/4, 3638/4 3716/4, 3860/4 & 3861/4
SMITH K.T. 3717/4
Blade Runner
DICK Philip K. 1768/3
Bleu comme l'enfer
DJIAN Philippe 1971/4
Body
ARNSTON Harrison 3479/5
Bonjour la galère !
ADLER Philippe 1868/1
La brute
des CARS Guy 47/3
Carrie
KING Stephen 835/3 (Mars)
Charlemagne ou la jeunesse du monde
JULLIAN Marcel 3854/3 (Fév.)
Charlie
KING Stephen 2089/5
La Chartreuse de Parme
STENDHAL 2755/5
Le Château des Oliviers
HÉBRARD Frédérique 3677/7
Chiens perdus sans collier
CESBRON Gilbert 6/2
Christine
KING Stephen 1866/4
La Ciociara
MORAVIA Alberto 1656/4
Le club de la chance
TAN Amy 3589/4
Conan le barbare
HOWARD Robert E. 1449/3 (avec Sprague de Camp)
Conan le destructeur
HOWARD Robert E. 1689/2 (avec R.Jordan)
Le crime de Mathilde
des CARS Guy 2375/4
Croc-Blanc
LONDON Jack 2887/3
Cujo
KING Stephen 1590/4
Cyrano de Bergerac
ROSTAND Edmond 3137/3
Dans la ligne de mire
COLLINS Max Alban 3626/5
Danse avec les loups
BLAKE Michael 2958/4
Délivrance
DICKEYJames 531/3
La demoiselle d'Avignon
HEBRARD Frédérique 2620/4
Demolition Man
OSBORNE Richard 3628/4
Le dernier des Mohicans
COOPER Fenimore J. 2990/5
2001-l'odyssée de l'espace
CLARKE Arthur C. 349/2
Le diable au corps
RADIGUET Raymond 2969/1
Entre Ciel et Terre
SINGER Michaël 3630/4
L'Espagnol
CLAVEL Bernard 309/4
Etat second
YGLESIAS Rafael 3629/6
L'été en pente douce
PELOT Pierre 3249/3
Faut pas flipper
JAMES Dean 3882/4 (Mars 95)
Etat second
YGLESIAS Rafael 3629/6
Des fleurs pour Algernon
KEYES Daniel 427/3
Forrest Gump
Winston Groom 3816/4
Le Fugitif
DILLARD J.-M. 3585/4
Frankenstein
SHELLEY Mary 3567/3
Germinal
ZOLA Emile 901/3
Geronimo
CONLEY Robert J. 3714/3
Le grand chemin
HUBERT Jean-Loup 3425/3
L'homme sans visage
HOLLAND Isabelle 3518/3
Hook
BROOKS Terry 3298/4
Horizons lointains
MASSIE Sonja 3356/6
L'impure
des CARS Guy 173/4
Isaura
GUIMARAES Bernardo 2200/2
J'étais empereur de Chine
PU-YI 2327/6
Le jardin secret
BURNETT F. H.3655/4
JF partagerait appartement
LUTZ John 3335/4
JFK
GARRISON Jim 3267/5 Inédit
Jonathan Livingston le goéland
BACH Richard 1562/1 Illustré
Le Journal
GRAM Dewey 3822/5
Joy
LAUREY Joy 1467/2
Joy (Le retour de)
LAUREY Joy 3388/3
Junior
FLEISCHER Leonore 3876/3

J'AI LU FETE LES 100 ANS DU CINEMA

Kramer contre Kramer
CORMAN Avery 1044/3
King of the hill
HOTCHNER A.E. 3582/4
La lectrice
JEAN Raymond 2510/1
Little Big Man
BERGER Thomas 3281/8
Love story
SEGAL Erich 412/1
La machine
BELLETTO René 3080/6 (Mars)
Madame Bovary
FLAUBERT Gustave 103/3
Le Magicien d'Oz
BAUM Frank 1652/1
Maman j'ai encore raté l'avion
SINGER A. L. 3387/2
Un mari, c'est un mari
HEBRARD Frédérique 823/2
Le mari de l'Ambassadeur
HEBRARD Frédérique 3099/6
Max Glick
TORGOV Morley 3855/3 (Février 95)
Michigan Mélodie (Un mariage à la carte)
MONSIGNY Jacqueline 1289/2
1492
La conquête du paradis
THURSTON Robert 3403/3
Milliardaire malgré lui
SUNSHINE Linda 3831/4 (Février 95)
Misery
KING Stephen 3112/6
Moi, Antoine de Tounens, roi de Patagonie
RASPAIL Jean 2595/4
9 semaines 1/2
McNEILL Elizabeth 2259/2
Les nuits fauves
COLLARD Cyril 2993/3
Les oiseaux se cachent pour mourir
McCULLOUGH Colleen 1021/4 & 1022/4

Oliver's story
SEGAL Erich 1059/2
Orphée
COCTEAU Jean 2172/1
Le palanquin des larmes
CHOW CHING LIE 859/4
Pavillons lointains
KAYE M.M. 1307/4 & 1308/4
Peter Pan
BARRIE James M. 3174/2
Peur Bleue
KING Stephen 1999/3
Présumé innocent
TUROW Scott 2787/7
Priez pour nous
DUROY Lionel 3138/4
Le Prince des marées
CONROY Pat 2641/5 & 2642/5
Pulsions
DePALMA Brian 1198/3
Les quatre filles du Dr March
ALCOTT Louisa M. 3877/3 (Mars 95)
La reine Margot
DUMAS Alexandre 3279/3
Rends la monnaie, papa !
FAUCHER Elizabeth 3746/3
La revanche des premières épouses
GOLDSMITH Olivia 3502/7
Richard au pays des livres magiques
STRASSER Todd 3875/4
Robocop
NAHA Ed 2310/3
Le rouge et le noir
STENDHAL 1927/4
Running Man
KING Stephen 2694/3
Sauvez Willy
HOROWITZ Jordan 3627/4
Shining
KING Stephen 1197/5
Simetierre
KING Stephen 2266/6
Le sixième jour
CHEDID Andrée 2529/3
Stargate
DEVLIN Dean 3870/6 (Février)

Star Trek
RODDENBERRY Gene 1071/3
Le temps de l'innocence
WHARTON Edith 3393/5
La tête en l'air
AGACINSKI Sophie 3046/5
The Player
TOLKEN Michael 3483/3
The Shadow
LUCENO James 3830/4
Tous les fleuves vont à la mer
PLAIN Belva 1479/4 & 1480/4
37°2 le matin
DJIAN Philippe 1951/4
Les Trois Mousquetaires
DUMAS Alexandre 3461/7
La vengeance aux deux visages
MILES Rosalind 2723/5 & 2724/5
Une équipe hors du commun
GILBERT Sarah 3355/3
Une vie
de MAUPASSANT Guy 1952/2
Vingt mille lieues sous les mers
VERNE Jules 3654/5
Le voyage du père
CLAVEL Bernard 300/1
Le voyage fantastique
ASIMOV Isaac 1635/3

La liste de Spielberg

E.T. L'extra-terrestre
SPIELBERG Steven 1378/3
E.T. La planète verte
SPIELBERG Steven 1980/3
Gremlins
SPIELBERG Steven 1741/3
La liste de Schindler
KENEALLY Thomas 2316/6
Rencontres du 3e type
SPIELBERG 947/3

3959

Photocomposition Assistance 44-Bouguenais
Achevé d'imprimer en Europe (France)
par Brodard et Taupin à La Flèche (Sarthe)
le 8 juin 1995. 6903 L-5
Dépôt légal juin 1995. ISBN 2-277-23959-3
Éditions J'ai lu
27, rue Cassette, 75006 Paris
Diffusion France et étranger : Flammarion